SOIRÉES CHRÉTIENNES.

SOIRÉES CHRÉTIENNES,

ou

HISTOIRE

DE LA VIE ET DES VERTUS

DE PIERRE NAY, PRÊTRE,

Racontée par un bon père à sa famille
pendant l'hiver ;

PAR M. L'ABBÉ GINOUX AINÉ,

Prêtre, Recteur de la Paroisse de Marignane.

AIX,

IMPRIMERIE DE PONTIER FILS AINÉ,
rue des Jardins, N. 14. 1830.

AUX HABITANTS

DE LA PAROISSE DE MARIGNANE.

Laborieux habitants de ce séjour champêtre, vous occupiez toute ma pensée tandis que cet Ouvrage se formait sous ma plume ; aussi est-ce à vous que je l'offre comme un gage du vif intérêt que vous avez su m'inspirer par votre industrie, votre union et votre piété. Sans doute il est petit, mais combien ne sera-t-il point grand par les fruits immortels, que vous pourrez en recueillir, en apprenant à sanctifier vos sueurs, vos gémisse-

ments et vos larmes. Ne cherchez en le lisant ni esprit, ni prétention, car vous ne trouveriez pas plus l'un que l'autre. Il vous sera facile de démêler la vérité d'avec une innocente fiction, parce qu'il n'est personne, au milieu de vous, qui n'ait été témoin des faits dont je suis simple historien. Il s'agit d'un Prêtre respectable qui apprit de bonne heure à consacrer les instants de sa vie à vous rendre vertueux et chrétiens. Heureux, cher peuple confié à mes soins, d'avoir vécu avec lui, plus heureux encore si vous avez écouté ses sages leçons, et imité ses bons exemples !!

G. ***

AVANT - PROPOS.

C'était au mois de février : l'abondance des pluies et la rigueur du froid avaient généralement suspendu les travaux de la campagne, et le paisible laboureur, retiré dans sa chaumière, se voyait livré à un repos toujours involontaire et forcé. Alors, un père sait mettre à profit pour sa famille le temps qu'il ne peut employer à la culture de son modeste héritage ; alors, jouissant de plus de liberté, on le voit pratiquer lui-même avec soin et exactitude ses devoirs religieux ; et ainsi ces longues soirées que le riche passe à la ville, dans les festins somptueux et les amusements souvent coupables, et qui deviennent, au hameau, l'occasion de la médisance, de l'ivrognerie et du jeu, il s'empresse ce bon père de les employer à sa propre instruction, à celle de sa vertueuse épouse, et de de ses nombreux enfants.

J'ai connu dans un pays peu éloigné, une maison entière, où de temps immémorial, on ne connaissait point d'autre façon de sanctifier le temps de l'hiver. L'habitude et la pratique en descendaient du père aux fils, et ceux-ci jaloux d'un trésor aussi précieux, se faisaient à la fois un orgueil et un mérite de les transmettre à leurs descendants.

Après un souper copieux, mais aprêté par les mains de la frugalité, on se réunissait autour du feu. Ici les jeunes garçons, là les jeunes filles. Les premiers préparaient les instruments qui, plus tard, devaient servir à l'exploitation de la terre ; les autres étaient attentivement occupées aux travaux innocents de l'aiguille et du fuseau ; tous bénissaient le nom de ce Dieu qui aime à s'appeler le père des pauvres et le protecteur des malheureux.

Les étrangers étaient exclus de la

société campagnarde, ou si l'on se décidait à admettre quelques voisins, c'était toujours des personnes connues, honnêtes, et avant tout vraiment chrétiennes. Un soir donc, que la vie des saints fut plus courte qu'à l'ordinaire, et que le Catéchisme avait été récité par tous, petits et grands, avec une égale précision, *Henriette* proposa à *Mathurin* d'ajouter à ses bontés habituelles, celle de raconter aux enfants quelque histoire, en récompense de leur application et de leur obéissance. *Mathurin*, bien qu'il eut reçu de l'éducation dans sa jeunesse, sous les auspices de son Curé, aurait refusé dans une autre circonstance, mais il était question de complaire à une épouse qui ne lui avait donné aucun chagrin depuis vingt ans de mariage, d'édifier six enfants, la plus belle portion de sa fortune, il y consentit donc avec un sourire grâcieux et une bonté touchante. Mes enfants, dit-il, avant de commencer, je réclame le plus profond silence. A votre mère seule il sera permis de m'interrompre pour faire des observations ou rectifier les détails de mon récit ; et, comme je prévois qu'il serait impossible d'achever aujourd'hui, nous prendrons tout notre temps, et s'il le faut, nous consacrerons plusieurs soirées à la narration simple et familière que vous allez entendre. Chacun à son tour promit d'être attentif et silencieux, et *Tonin* même, le plus petit , qui était sur les genoux de *Guillaume* , son frère aîné , assura bien son père qu'il ne s'endormirait pas.

SOIRÉES CHRÉTIENNES ,

OU

HISTOIRE DE LA VIE ET DES VERTUS

DE **PIERRE NAY** , PRÊTRE.

PREMIÈRE SOIRÉE.

Éducation chrétienne , absolument nécessaire aux Enfants.

IL n'y a point de parents qui ne veuillent avoir des enfants sages et obéissants; les moins instruits en sentent le besoin , et l'on peut bien avancer que tout le monde aspire à ce bonheur et forme un pareil vœu. Cependant qu'il est rare qu'on prenne le vrai moyen pour atteindre ce but! L'éducation est le plus sûr , le seul même ; or , voit-on beaucoup de pères, jaloux de confier leurs fils à des maîtres chrétiens et vertueux ? Si la jeunesse est partout livrée à sa propre conduite, n'est-ce pas principalement dans les campagnes? Le premier venu s'en empare, et le maître qui vend la science à meilleur marché , est toujours celui qui compte un plus grand nombre d'écoliers. La sagesse , la prudence , l'édification , la piété, ne sont qu'un faible accessoire dans le choix d'un instituteur. De là quelles affreuses conséquences ! ! Pères et Mères , est-ce avec cette indifférence que vous surveillez la culture de vos vignes , de vos arbres, de vos terres?.... Pensez-y sérieusement , le fils bien élevé, dit la sainte Écriture , est la couronne du vieillard , et le jeune homme mal instruit devient la honte de son père ; vos enfants appartiennent à Dieu avant d'être à vous, et il vous en demandera un compte trop rigoureux , pour ne pas vous paraître terrible..... Il en était convaincu le bon *Mathurin.* Pas assez riche pour donner une éducation brillante à ses enfants, il les avait fait instruire selon son état; lui - même avait été leur premier maître; tous savaient lire, écrire et chiffrer, et ce qui était plus précieux encore, tous connaissaient les grandes vérités de la Religion, et observaient leurs devoirs avec scrupule ... Au reste, voici de quelle sorte il commença l'Histoire qu'il leur avait promise.

Dans un petit et obscur hameau de la basse Provence, appelé *Mollegés,* naquit le 3 décembre 1753, PIERRE NAY, celui-là même dont je me propose de vous raconter les vertus, à mesure que je vous en raconterai la vie. Son père, cultivateur, lui fit apprendre à lire et à écrire, instruction la plus ordinaire dans les campagnes; mais Pierre étant l'aîné de la famille, fut obligé de quitter de très - bonne heure les livres et la plume pour travailler les champs, et aider à nourrir ses autres frères. A l'âge de douze ans, il fit sa première communion, avec une piété vraiment exemplaire; et, chose assez rare, il conduisait déjà une lourde et pesante charrue; son amour pour le travail était inépuisable, et l'on peut dire que toutes ses journées étaient partagées entre la prière et ses occupations. Le dimanche, il se gardait bien d'imiter la plupart des garçons de son âge; il ne connut jamais ni jeux, ni cabarets : la Sainte Messe, les Vêpres, les exercices de la paroisse, voilà quels étaient ses plaisirs; ou s'il prenait quelque délassement en ce saint jour, c'était des délassements honnêtes et permis, après les Offices, et toujours avec des compagnons vertueux et bons chrétiens.

Un jeune homme de ce caractère ne pouvait pas rester plus long-temps dans le monde; aussi ce fut peu de temps après, que le Seigneur, qui avait choisi ses apôtres dans les villages et parmi les gens grossiers, lui inspira le désir de quitter sa famille pour se consacrer au service des Autels. Mais obligé par devoir de cultiver la terre, dépourvu de tous moyens, sans aucun livre, comment achever l'entreprise qu'il a formée? comment en poser même les premiers fondements? *Mes enfants*, je me rappelle vous l'avoir dit plusieurs fois : il n'y a rien d'impossible à Dieu, et ce qui paraît souvent au-dessus de nos forces, n'est qu'un jeu et qu'un amusement dans ses mains puissantes. Au commencement, n'a-t-il pas créé le beau soleil qui jaunit nos moissons et mûrit nos fruits, par un seul acte de sa volonté? et la lune qui éclaire les bergers pendant la nuit, et les étoiles qui brillent d'un si vif éclat, et ces fleurs admirables qui parent nos jardins et nos prairies, et les animaux qui partagent notre travail ou nous servent de nourriture, avec quoi les a-t-il faits? vous le savez, avec rien. Ainsi ce même Dieu saura conduire lui-même les pas de notre jeune paysan.

La gêne où était son père, ne lui

permit pas de solliciter , et encore moins d'obtenir une légère récompense, en argent , de ses sueurs et de ses fatigues ; il lui fallut cependant quelques livres élémentaires de la langue latine ; il demanda donc la permission d'ensemencer, à son profit, un petit coin de terre. Le Ciel seconda son dessein en lui envoyant une bonne récolte ; et les deux louis qui furent tout le produit des graines qu'il avait semées, il les employa , au plus vite, à acquérir une grammaire , un dictionnaire , et autres livres indispensables.

Seul , et sans le secours d'aucun maître , ou pour parler plus chrétiennement , n'ayant d'autre maître que le St.-Esprit , dont il se montra toujours le disciple docile, il en dévora toutes les difficultés. Quand il était arrêté dans la tâche qu'il s'était journellement imposée , on le voyait se roidir , consulter sa raison , et finir toujours par trouver la solution qu'il cherchait.

La langue latine, si pénible pour l'enfance, que tout le monde aujourd'hui veut étudier, et où si peu obtiennent quelques succès, la langue latine devint donc pour Pierre Nay un badinage et une simple distraction; mais il devait autant par conscience que par besoin remplir les obligations de son état ; les champs exigeaient une culture soignée, et les animaux qui lui étaient confiés un conducteur et un maître. Notre laboureur surmonte encore, avec un rare courage, ces nouveaux obstacles. Tandis que ses compagnons se livraient à un repas nécessaire , on le voyait se retirer à l'écart pour s'occuper ; et les heures du jour affectées à un délassement indispensable, une grande partie de la nuit même, étaient soustraites au repos, et consacrées à l'application et à l'étude.

Dieu, mes enfants, n'oublie pas ses fidèles serviteurs ; les efforts qu'on fait pour lui sont tôt ou tard largement récompensés ; aussi bénit - il ceux de notre pauvre paysan. Après plusieurs années, c'est-à-dire, à peu près à l'âge de dix-sept ans, il acquit l'intelligence du latin dans un degré assez élevé pour pouvoir se servir de cette langue dans la conversation ; alors il crut ne devoir plus faire un mystère de son projet. Il se décide à le divulguer, et dans cette pensée, prenant le chemin de la paroisse, il court chez M. le Curé, qu'il aborda en lui adressant la parole en latin.

Quel fut l'étonnement de ce pasteur en l'entendant!! A la vérité, il connaissait la rare piété de Pierre Nay ; chacun était témoin de sa bonne conduite, mais il croyait tout au plus qu'il savait lire et écrire, et il l'entend parler une langue savante, une langue morte, une langue qu'un très-petit nombre de personnes possèdent!!! Cette sorte de phénomène n'excita pas seulement l'admiration du vertueux pasteur de *Molleges*, la contrée entière partagea son sentiment, et en peu de jours le hameau obscur devint pour ainsi dire célèbre par le sujet distingué dont il était la patrie. Deux hommes recommandables par la variété de leur savoir et l'éclat de leur naissance, y vinrent aborder ; oui, mes enfants, votre grand père les a connus, ce sont les MM. De Lamanon; ils ne croyaient point à sa renommée, ils voulurent lui adresser eux-mêmes différentes questions, et s'assurèrent par ses réponses naïves, qu'il n'avait jamais eu d'autre secours ni d'autre maître que les livres ; et d'aussi éclatants succès méritaient d'être connus des supérieurs ecclésiastiques. Mgr. Dulau, Archevêque d'Arles, ne tarda pas à être instruit du prodige admirable que l'amour de Dieu venait d'enfanter dans son diocèse. Sans plus de retard, il donna ordre que le jeune Nay fut arraché aux champs et placé au grand séminaire d'Avignon, dirigé par les Sulpiciens; ce saint et charitable prélat, voulant lui-même faire les frais de son éducation. Je ne vous dirai point qu'il se distingua dans cette maison par sa haute piété, son application à l'étude et son humilité ; quand on a le cœur embrasé de l'amour divin, rien ne coûte, tout est facile. Il était le modèle de ses condisciples; et bien souvent ses professeurs purent aisément présager ce qu'il serait dans la suite.

Ayant été jugé digne d'être promu au Sacerdoce, il fut d'abord placé comme Vicaire, à *Miramas*, petit village situé du côté de Gardanne....
.... A ces mots, Henriette interrompit le récit que toute la famille écoutait avec un profond silence ; non, mon mari, *Miramas* n'est point auprès de Gardanne ; il se trouve à quelque distance de St-Chamas; une de mes amies m'a beaucoup parlé de M. Nay ; cette pauvre femme se rappelait avec attendrissement les sujets d'édification qu'il y avait laissés. Elle m'ajouta l'avoir vu souvent balayer l'église et se livrer à d'autres occupations de ce genre dans le saint temple, où rien n'est vil ni méprisable dès qu'il s'agit

du service divin ou du culte religieux.... Grand merci de votre observation, mon épouse, vous savez que vous en avez la permission, dit Mathurin, et il continua en ces termes....

M. Nay fut donc placé à Miramas; mais peu de temps après on vit bien clairement que ce n'était pas là son poste, et qu'il était à même d'en occuper un plus important. On le fit passer à la cure *du Rove*, vallon charmant et délicieux, moins digne d'éloge par la variété de ses côteaux et la fertilité de son terroir, que par l'hospitalité généreuse qu'il ne refusa jamais à la fidélité poursuivie et fugitive. Là, notre saint prêtre trouva des hommes simples et craignant Dieu, qui ne tardèrent pas à bénir le Seigneur de leur avoir envoyé un ministre selon son cœur. Autant avides d'entendre ses paroles, que d'imiter ses exemples, ils présentèrent en quelques mois, l'image attendrissante des premiers siècles du christianisme. Moi-même qui vous parle, je les ai vus s'oubliant eux-mêmes pour exalter la gloire de Jésus-Christ, en s'abordant sans distinction d'âge et de fortune, ils s'empressaient de prononcer son nom sacré, et ainsi les bons campagnards faisaient-ils déjà sur la terre, ce que les anges s'honorent de pratiquer dans le Ciel.

Le peuple a quelquefois plus de mémoire qu'on ne le pense communément : celui *du Rove* eut bientôt retenu les cantiques si beaux, par lesquels le P. *Gaulhier*, missionnaire, avait cherché à fixer dans le cœur des personnes qu'il avait évangélisées, les salutaires et les grandes vérités de la Religion. Hommes et enfants, femmes et filles, tous, en travaillant la terre ou en se reposant de leurs travaux, exaltaient, par le chant, le nom et le souvenir du Dieu qui dans les plus chers trésors de sa miséricorde, leur avait envoyé le bon M. Nay.

On aperçut même, mes enfants, un spectacle rare et digne d'un autre siècle que le nôtre. Des frères pieux, connus sous la dénomination *de devots*, renoncèrent au monde , et mirent leurs biens en commun pour élever un couvent de moines qui employaient leurs temps au travail de la campagne, aux jeûnes et à la prière. Ils suivaient exactement la règle et l'institut de *St. Antoine*. Qu'il était beau pour un cœur chrétien l'aspect qu'offrait à cette époque , la vallée dont je parle! Combien les Anges qui aiment tant à voir fructifier le sang de J.-C. , devait le contempler avec joie et de pures délices ! ! ! Quels dûrent être leurs transports , quand ils furent les témoins invisibles du dessein que forma M. Nay de bâtir une nouvelle Eglise assez vaste pour réunir la population de sa paroisse?

Sans argent , sans secours , sans l'intervention même de l'autorité, il entreprend et exécute son projet. Peu confiant dans les ressources de ce bas monde , il porte ses regards dans le Ciel , d'où lui doivent descendre les moyens qu'il attend. A l'imitation des esprits célestes de Bethléem , il fait un appel aux hommes de bonne volonté. Son appel est entendu , et soudain à sa voix , on se hâte , on se presse , on arrive. Les uns apportent à ses pieds le fruit de leurs longues économies ; les autres mettent à sa disposition leurs bras , leurs bêtes de somme et leurs charriots ; mais il y avait à craindre que le démon ne fît démentir tant d'ardeur et tant de zèle, il fallait un grand modèle pour soutenir leur résolution ; M. Nay le comprit, il n'avait pas oublié que dans ses premières années , il cultivait la terre; aussi voulut-il lui-même encourager les ouvriers , non-seulement par l'autorité de ses paroles, mais encore par l'efficacité de son exemple, et il réussit complètement dans ses vues bienfaisantes. Il était constamment le premier à l'ouvrage. En vain les plus diligents tentaient-ils de le précéder , on le trouvait à la carrière déjà couvert de sueurs par ses efforts à arracher les matériaux nécessaires. Aux autres il abandonnait les travaux les moins pénibles ; pour lui il se faisait toujours la réserve de ce qui l'était le plus ; ainsi, tantôt vous l'auriez vu, mes enfants, broyer le mortier, tantôt grimper au haut d'une échelle, courbé sous le poids d'une lourde pierre.

Et ne croyez pas que pour vaquer à ce travail, il oubliât la décence qu'il devait à son état ; jamais il ne quitta l'habit qu'il avait si ardemment désiré de porter ; on avait beau lui faire quelques remontrances à ce sujet, il fut toujours fidèle dans sa résolution pieuse. Le militaire se fait honneur de son uniforme, le juge de sa robe, pourquoi aurait-il rougi de sa soutane ?

Un citadin, qui traversa le pays par hasard, et qui ne pouvait se lasser d'admirer la charité active du bon Curé, crut cependant devoir lui faire remarquer, qu'il devait à la dignité de ses fonctions augustes, de ne pas se livrer à des occupations serviles ; mais le saint prêtre qui ne voyait de la bassesse que dans l'offense faite à Dieu, s'empresse de lui répondre avec beaucoup d'à-propos : *qu'il ignorait entièrement s'il dérogeait par son travail à la dignité de son caractère*, mais qu'il savait fort bien qu'un Evêque n'avait pas dédaigné de pratiquer ce qu'il faisait, et cela, ajouta-t-il ne l'a pas empêché de devenir Saint ; et *ainsi je crois devoir utiliser mes bras.*

La construction de son Eglise n'absorba point tout son temps. Son amour pour l'étude prit un nouvel accroissement par le besoin qu'il avait de s'instruire, afin de remplir convenablement son ministère et de gagner des âmes à Dieu. Mais, sans aucune ressource de sa famille, toujours disposé à soulager les pauvres, ne jouissant que d'un faible traitement, comment parviendra-t-il à acheter les livres qui sont nécessaires à un prêtre ? qui lui procurera une bibliothèque assez fournie pour suffire à ses besoins ? Mes

enfants, notre Curé nous l'a rappelé
dans son prône de dimanche dernier :
St. Paul dit que la charité est indus-
trieuse, et M. Nay est une preuve
vivante et sans réplique de cette vérité. Il pourvoyait de ses mains à tout
son nécessaire ; il était à lui-même
son serviteur et son domestique. Du
pain et de l'eau voilà ses aliments ; et
lorsque son affaiblissement l'avertis-
sait de se soigner davantage, alors il
se contentait de verser sur quelques
tranches de pain un peu d'eau chaude
mêlée de deux ou trois grains de sel et
de quelques gouttes d'huile ; tel est le
moyen qu'il employa pour avoir des
livres : moyen tout nouveau, écono-
mie peu commune qui finit par lui
procurer ces ouvrages admirables des
Saints Pères, au milieu desquels il
venait se délasser de ses nombreux et
pénibles travaux.

C'est par une lecture continuelle
des meilleurs écrivains, qu'il s'éleva
à cette érudition qu'on lui a connue :
érudition d'autant plus surprenante,

qu'elle était mêlée à un langage simple et à des manières rustiques. On s'étonnait de trouver tant de savoir sous un habit si grossier et dans un homme si peu fait à la politesse du monde ; mais, mes enfants, il sut former son esprit et son cœur à la science de son état, et que lui importait tout le reste ?

Un prêtre aussi pieux et aussi éclairé que M. Nay, ne pouvait que faire un bien infini dans la paroisse *du Rove* ; mais hélas ! le démon fut jaloux de tant de prospérité, et l'orage qui avait éclaté sur le reste de la France, ne tarda pas à se faire sentir dans ce village.... Mathurin achevait à peine ces derniers mots, que soudain sa femme et ses enfants poussèrent un grand cri.... Le feu.... le feu.... sa robe.... sa robe.... c'était en effet *Tonin* qui se brûlait ; ce petit étourdi, profitant de l'attention que ses frères prêtaient à l'histoire que l'on racontait, va s'aviser de glisser des genoux de celui qui le tenait, et peu à peu

s'approche du feu qui était très-ardent
à cause du froid, pour s'y amuser
avec les pincettes ; un tison enflammé
avait pris au derrière de sa robe, et
il ne sentait rien. Mais combien il
s'effraya aux clameurs de toute la famille ? la flamme redoublait d'activité
à mesure qu'il remuait ; il fondait en
larmes, ses sœurs pleuraient et criaient
de leur côté ; tout le ménage était
dans la confusion et l'effroi. Heureu-
sement cet accident n'eut pas de suites
fâcheuses, car Henriette l'ayant visité,
il fut aisé à cette mère, toute éplorée
sur le sort de son jeune fils, de voir
qu'il n'y aurait de perdu que sa robe.
Mathurin, qui avait éprouvé quelque
peine d'abord, mais ensuite était resté
calme, rassura sa femme en lui faisant observer combien il fallait sur-
veiller les enfants, et redouter pour
eux l'approche du feu en tout temps,
principalement en hiver ; et cet évé-
nement imprévu, mit fin à la soirée
et à la narration.

SECONDE SOIRÉE.

Prospérité d'une famille qui craint le Seigneur et le sert chaque jour.

Je ne connais point dans le monde de bonheur plus doux que celui d'un homme vertueux, au sein de sa famille, environné de ses enfants qu'il voit grandir dans la crainte de Dieu, et possesseur d'un petit champ qu'il cultive sans ambition et sans jalousie. Tel était Mathurin, dont le récit nous a paru à la fois si instructif et si édifiant. La perte encore récente d'un père respectable, qui était descendu au tombeau depuis quelques semaines, les soins qu'il prenait journellement d'une mère infirme et chargée d'années, les peines domestiques, le manque de récoltes, rien n'avait pu le rendre négligent dans la pratique de ses devoirs chrétiens, et lui faire perdre de vue cette Providence divine, qui distribue à son gré les biens et les maux, la prospérité et l'infortune. Quand les moissons étaient abondantes, Mathurin les recueillait avec un sentiment plein de reconnaissance et de joie; mais lorsque l'intempérie des saisons ou toute autre cause venait à l'en priver, il ne fut jamais assez insensé ou assez hardi que de se répandre en murmures, en plaintes et en blasphêmes; et de bonne foi, qu'avancent-ils les cultivateurs en jurant contre Dieu, et prononçant des paroles qui ne devraient se trouver que dans la bouche des démons? Vous êtes contrarié, votre fils a été frappé de mort à l'aurore de sa vie, votre récolte est perdue, votre réputation flétrie, des voleurs ont dérobé votre argent; eh bien! vos jurements ressusciteront-ils votre enfant? réparerez-vous vos pertes? retrouverezvous ce qui vous a été pris?... Fiez-vous au Seigneur, et pensez qu'il ne vous afflige dans le monde que parce qu'il veut vous épargner dans l'éternité. Faites qu'il soit servi et craint dans votre famille, et dès-lors que de consolations, quelle prospérité, que de bonheur ne vous sont pas réservés ! ! !

Voilà à peu près le sujet moral dont Mathurin entretenait ses enfants pendant le souper. Ainsi le sage paysan avait-il contracté l'habitude d'entremêler la nourriture de l'âme aux aliments du corps ; ainsi selon le précepte de l'apôtre St. Paul, sanctifiait-il l'action la plus commune et qui nous rapproche si fort des animaux. Il reprit sa place ordinaire au coin de la cheminée ; bientôt il vit ses enfants se ranger près de lui, et pour satisfaire à leur impatience, il se hâta, sans autre préambule, de continuer l'histoire qu'il avait commencée la soirée précédente, sans avoir besoin de les rappeler à l'attention et au silence.

Il n'est aucun de vous, pour jeune qu'il soit, qui n'ait ouï parler, mes enfants, de ce temps malheureux, que nous nommons *la Révolution*. Alors c'était un crime d'être chrétien, et un crime plus grand encore de le paraître. Alors tout était dans le désordre aussi bien que dans l'anarchie; les honnêtes gens de notre petit village étaient dans l'effroi; il n'y avait de vraie sécurité que pour deux ou trois individus dont vous connaissez la fin tragique, et qui par leurs menaces faisaient tout trembler. C'était principalement aux prêtres qu'on en voulait; notre Église fut détruite, et la cloche brisée à coup de marteaux; on jeta dans un grand feu tous les Corps Saints, et comme les ministres de J.-C. prêchaient l'Evangile dont on se souciait peu, on les mit à mort ou on les poursuivit. M. Nay, qui était si zélé pour la foi, ne fut pas épargné; pieux et éclairé, il entrevit dès les premiers moments la tendance de l'esprit révolutionnaire, et le précipice ouvert par le serment que l'on craignait. Il resta à son poste tant qu'il le put, sans courir des dangers soit pour lui soit pour ses ouailles. Enfin, persécuté de tous les côtés, il se rappelle ces paroles de notre divin maître, à ses disciples : quand on vous chassera d'une ville, fuyez dans une autre. Il alla chercher un asile dans l'Italie.

Ce centre de la chrétienté fut, à cette époque, une terre de vie et d'hospitalité pour une foule innombrable de bons prêtres; presque tous ceux de cette contrée s'y étaient rendus. Avec la foi qu'avait M. Nay, il ne put point habiter long-temps ce pays sans aller visiter Rome, qu'on appelle si justement la ville Sainte, et où une foule de monuments antiques et religieux devaient satisfaire moins sa curiosité que sa haute dévotion.

Il parcourut successivement les principales cités de l'Italie, et partout

il fut un modèle accompli de morti-
fication et de charité. Des prêtres de
Marseille, avec lesquels il s'est rencontré dans l'exil, savent que n'ayant
d'autre ressource que les douze sous
qu'il recevait de sa Messe, il en donnait
journellement la moitié à des pauvres
émigrés dépouillés de tout. Voilà
quelle était sa conduite, voilà comment il trouvait même dans son indigence de quoi faire du bien à ses
semblables. Ah ! mes enfants, quand
on a l'amour du prochain, profon-
dément enraciné dans le cœur, qu'il
est rare de ne pas trouver le moyen
de lui être utile ! ! !

L'homme de Dieu n'attendit pas
pour retourner en France, que la
tempête qui l'avait bouleversée, eût
entièrement cessé. Le premier moment de calme fut celui de son départ,
et l'on peut assurer, sans crainte d'être
démenti, qu'il se trouva, sinon le
premier, du moins l'un des premiers
prêtres qui foulèrent sous leurs pas
la lave encore fumante du volcan des-

tructeur. Ainsi accourut-il remplir les vœux d'un peuple saintement affamé du pain de sa parole; ainsi brava-t-il mille dangers pour se rendre au milieu de son ancien troupeau.

Car, quel exemple, mes enfants, d'une agissante charité ne donna-t-il pas alors. Faites-vous une image de ce qu'étaient toutes les paroisses depuis si long-temps abandonnées; les enfants grandissaient sans baptême ; les malades mouraient sans sacrements; il n'y avait ni catéchisme, ni instructions , ni messe ; on vivait comme des bêtes, sans Dieu et sans Eglises ; partout les ouvriers manquaient et la moisson était abondante. Quel vaste champ pour le zèle de M. Nay !! Il ne compte ni les sueurs ni les fatigues : aucun obstacle ne peut l'arrêter. Vous l'eussiez vu , le saint jour de dimanche , prévenir *au Rove* le lever du soleil , pour entendre les confessions, prêcher et célébrer les Saints Mystères ; vous l'eussiez vu ensuite se rendre à *Marignane*, sans faire aucune attention à la grandeur du froid ou du chaud , au vent ou à la pluie. Vous pensez sans doute que là se terminait sa journée ; non , un nouveau chantier s'ouvrait devant lui , il entendait les hommes , les femmes , tous ceux qui se présentaient au saint tribunal. Une seconde Messe était par lui dite à onze heures , laquelle était suivie d'un court et sobre repas pris à la hâte. Bientôt on le voyait suivre le chemin *du Martigues*, distant de trois lieues. Il y était attendu par les fidèles auxquels il chantait les Vêpres et faisait une instruction touchante et familière ; de cette manière, le même jour il semblait se multiplier, et un seul pasteur présidait à trois troupeaux ; de cette manière il travaillait à la vigne du Seigneur avec une intrépidité digne des apôtres.

Cependant , les jours qui précédèrent le dix-huit fructidor , semblèrent vouloir, en se prolongeant, répondre à l'attente des amis de l'ordre et de la religion. Un grand nombre de prêtres profitèrent du calme pour revenir dans leur patrie dévastée et malheureuse. Chaque troupeau revit à peu près son pasteur, et l'espoir commença à renaître dans l'Eglise. M. Nay restreignit alors le cercle de ses travaux ; il fixa son principal domicile à *Marignane*, et s'il jugea par fois convenable de faire quelques courses pour l'utilité publique, ce fut toujours dans le voisinage. Mais Dieu ne permit pas que ce temps de paix fut de longue durée ; l'impiété obtint bientôt un honteux triomphe, la prudence devint plus que jamais un précepte impérieux, et il fallut user de la circonspection la plus grande dans l'exercice des fonctions sacerdotales. Si ces mesures étaient absolument nécessaires à tous les ecclésiastiques, combien n'étaient-elles pas indispensables à M. Nay, lui, qui, par sa conduite, avait mérité d'être désigné à la fureur des ennemis de notre sainte Religion. Aussi, ne put-il parvenir à se dérober aux visites domiciliaires, qu'en se cachant soigneusement. Tantôt il se travestissait en berger, tantôt il prenait les manières et l'habit d'un pauvre cultivateur; souvent même ses amis ne le reconnaissaient pas, tant•il avait l'art de se déguiser parfaitement!

Un genre de vie si pénible aurait engagé tout autre à fuir une seconde fois; M. Nay n'en fut point rebuté; soit qu'éclairé de l'esprit d'en haut, il prévit que la tempête aurait un terme prochain, soit qu'il eut pris au fond de l'âme la résolution d'être martyr de la foi, il ne quitta point le sol qui l'avait vu naître, ni le bon peuple qui avait été confié à ses soins. Mais quels grands périls il fut obligé d'affronter pour remplir son ministère !! Un jour, certain misérable n'eut-il pas l'effronterie de se masquer en prêtre, et d'aller dans les campagnes écartées, où il soupçonnait que M. Nay s'était rendu, afin de pénétrer le secret de sa retraite, et comme un nouveau Judas, le livrer après à ses ennemis? Mais le Ciel, qui protégeait visiblement le bon curé, fit échouer les projets infâmes de ce malheureux qui fut reconnu dans son travestissement.

Les vrais disciples de J. - C. qui mourut pour ses bourreaux, savent pardonner! Aussi, M. Nay suivit ce bel exemple de charité, car cet homme dont je viens de vous parler, étant tombé malade dans le pays qu'il habitait, le bon curé oublia l'attentat horrible qu'il avait voulu commettre sur sa personne. Non-seulement il lui prodigua, pendant tout le cours de ses infirmités, les soins les plus touchants et les plus paternels, mais encore il lui fournit tous les jours des secours pécuniaires, malgré ses faibles moyens, pour l'aider dans ses besoins les plus pressants. Eh bien! connaissez - vous beaucoup de personnes semblables? Où faudrait - il aller pour trouver une aussi grande charité, tant de douceur, plus d'oubli des injures et des offenses? Non, il n'y a que la religion qui puisse enfanter de tels prodiges ! !

La paix s'établit enfin dans la france, et le Seigneur parut avoir pitié de nous.... Henriette, qui avait déposé le bas qu'elle tricotait, se leva à cet instant de sa chaise.... N'allons pas si vîte, mon mari, dit-elle, je connais quelques traits de cette époque, qui peut-être vous ont échappé ; ils trouveront naturellement leur place à la suite de ce que vous venez de dire ; l'un m'a été raconté par une parente digne de croyance, et j'ai été témoin de l'autre. Eh bien ! parlez, parlez..., répondirent tous les enfants , notre père ne vous y a-t-il pas expressément autorisée. Alors dit Henriette: Ainsi que vous l'avez entendu , M. Nay n'exerça point ses fonctions dans le temps d'une persécution si ouverte sans courir les plus grands dangers; mais la Providence , qui était son guide, veilla toujours sur lui. Un soir, par une nuit qui n'était pas très-obscure , il rencontra un individu, qui , sans aucun motif ou prétexte, avait juré sa perte. A mesure qu'il l'aperçut, il se rencogna contre le mur , et son ennemi continua son chemin comme s'il n'avait rien vu ; cependant il le regarda , il le fixa même, mais son bras fut arrêté par une puissance invisible ! !

Une autre fois, la femme d'un ennemi de l'Eglise, se trouvait à toute extrèmité. Moi-même , mes enfants, j'allai dans la maison où était caché M. Nay , pour l'engager à venir l'administrer. J'attendis pour l'introduire que le mari se fut retiré dans sa chambre. Celui-ci s'étant endormi, accoudé sur une table dans l'appartement attenant à celui qu'occupait la malade , je ne savais quel parti prendre , et ma situation était d'autant plus embarrassante , que l'état de la malade empirait à vue d'œil. Je courus rendre compte , à l'homme de Dieu , de ma peine et de ce qui la causait. Quand il apprit de ma bouche que le péril était imminent, aucune considération humaine ne fut capable de l'arrêter ; il brava tout, il passa à côté du révolutionnaire endormi. Il confessa et administra sa femme comme s'il n'y avait rien eu à craindre pour ses jours. Je vous laisse à penser s'il dût se retirer content et joyeux d'avoir fait une bonne œuvre ; c'était là, disait-il, *tout son bonheur*, toute sa récompense...... Pardonnez-moi, Mathurin, mais j'eusse éprouvé un bien vif regret si nos enfants n'avaient pas connu ces deux traits admirables, et qui caractérisent le cœur et l'âme de M. Nay.

La paix, continua le père, s'établit enfin dans la France, et le Seigneur parut avoir pitié de nous ; le saint prêtre sut en profiter pour exercer publiquement les fonctions sacrées de son ministère. On aurait dit que son zèle prenait chaque jour de nouveaux accroissements ; désormais, libre de crainte et de persécution, il chercha par tous les moyens possibles à échauf-

fer les cœurs par les flammes du
divin amour. Ceux qui avaient fait
des chutes, il les aidait à se relever
en leur tendant une main paternelle.
Ceux qui avaient persévéré, il leur
recommandait, avec saint Paul, de
prendre garde de ne pas tomber ; il
était l'ami de tous. Réparer les débris
du Sanctuaire, éteindre les haines,
prêcher la paix de l'Evangile, voilà
quelle était son ambition.

Un tel homme ne pouvait, ne devait avoir aucun ennemi ; car, comment ne pas aimer celui qui s'était
si souvent sacrifié au bien public ?
cependant, mes enfants, il n'en fut
pas ainsi, il fut en butte à la malice
dès uns et à la passion des autres.
Il me serait impossible de vous raconter les calomnies atroces dont on
le noircit, et les reproches amers
dont il fut l'objet. Mais Dieu savait
ce qui se passait dans son âme, et
par quels bienfaits il se vengea des
injures que la grossièreté la plus dé-

goûtante osa lui adresser publiquement. Pareil au vieux pin , qui pendant les chaleurs de l'été , ombrage
et rafraîchit le devant de notre habi-
tation , et qui a résisté à toutes les
tempêtes, rien ne put altérer sa tran-
quillité ou lui arracher une parole
d'impatience et de murmure. À plus
d'une reprise, on le dénonça à l'autorité ecclésiastique. Des personnes
aveuglées par la passion, se liguèrent
contre lui. À défaut de preuves, on
sut bien en inventer. Sa douceur fut
traitée de faiblesse , et son zèle de
fanatisme. Voulait-il s'exprimer fa-
miliairement en parlant au peuple,
il avilissait la sainte parole par la
manière dont il l'annonçait ? Cher-
chait-il à corriger des abus, il man-
quait de prudence. Son habit était-il
des plus simples et des plus modestes,
il repoussait les âmes par un extérieur
dégoûtant.... Enfin on l'attaqua sur
tous les points , et l'intrigue fut si
adroitement menée , que ses supé-

rieurs, trompés par de faux rapports, le condamnèrent à une espèce de bannissement, en le reléguant dans le coin le plus insalubre du diocèse. Ici Mathurin se dressa comme malgré lui, et élevant les mains au Ciel: belle Providence, s'écria-t-il, vous permîtes, sans doute, qu'un ordre aussi injuste fut donné, pour que M. Nay qui avait pratiqué tant de vertus, montra à ses envieux qu'il possédait encore celle d'une humble obéissance!

Mes enfants, quand même un inférieur serait puni sans l'avoir mérité, il devrait toujours se soumettre. Cela est vrai pour tous, mais principalement pour les prêtres de J.-C., qui doivent servir de modèle. Il se hâta donc de partir pour son nouveau poste. L'insalubrité du climat n'eut pas plus de pouvoir sur lui que les incommodités d'une résidence isolée. Il fut atteint des plus longues comme des plus cruelles maladies; il faudrait lire les lettres qu'il a écrites là dessus ; et certes sa santé eût fini par succomber sous le poids de tant d'épreuves, si Mgr de Cicé, Archevêque d'Aix et d'Arles , informé de ses rares mérites, et convaincu de son innocence , ne l'eût rappelé enfin de l'exil en le rappelant *des Saintes-Maries.*

On ne le laissa pas sans occupation ; M. Nay n'aurait pas pu vivre dans l'oisiveté. Un petit séminaire venait d'être établi *à Ste Croix* près de la ville *de Salon.* On le mit à la tête avec le titre de supérieur. Combien son mérite brilla d'un éclat nouveau dans cette demeure !! Outre la surveillance générale de la communauté, il avait encore des occupations particulières. Les jeunes ecclésiastiques qu'il formait au service des autels prenaient son temps du matin au soir , ou si quelquefois il se délassait, c'était toujours en se livrant à la culture du jardin et des terres voisines. J'ai vu , mes enfants , les arbres qui embellissent cette riante colline; ils furent plantés par ses mains, et attesteront long-temps son infatigable amour pour le travail.

La prospérité de ce séjour champêtre ne fut pas de longue durée; le chef se vit forcé de renvoyer ses élèves et de fermer un établissement qui donnait déjà à la religion les plus douces espérances. Une pieuse association qu'il y avait formée eut le même sort. Les frères de la *cavalerie* qu'il avait appelés pour cultiver les champs et défricher les montagnes sans négliger les exercices de la prière, reçurent également ordre de s'éloigner. M. Nay se serait désolé de ces contradictions, si un prêtre pouvait ne point mettre sa confiance dans le Dieu dont il est le ministre. Il demanda de l'emploi, il lui fut aisé d'en obtenir; et comme si ses supérieurs désabusés avaient voulu lui offrir un juste dédommagement de son ancienne disgrâce, il fut nommé à une cure importante, celle de *Pélissane....*

Mathurin ravi de l'attention de ses enfants, aurait bien souhaité de continuer ; il éprouvait un vrai contentement; mais on entendit frapper plusieurs coups à la porte de la cour ; *André*, le cadet de tous, s'empressa de courir, et après l'avoir ouverte, il trouva un malheureux couvert de haillons et transi de froid, qui lui demanda, d'un ton à faire pitié, l'hospitalité au nom de Dieu..... Il était arrivé à la nuit close dans le village, et comme le vent était violent et le temps très-rigoureux, on ne lui avait pas seulement voulu répondre à deux maisons de la rue où il s'était adressé. Mathurin le fit reposer, on alluma un grand feu pour le réchauffer ; c'était à qui aurait pour le pauvre le plus d'attention. Les filles lui eurent bientôt fait à la hâte une soupe.... La famille entière prosternée bénissait J.-C. de lui avoir offert l'occasion d'exercer une œuvre de miséricorde, et de faire du bien à l'un de ses membres souffrants. La joie était générale. Le *mendiant* était tout ravi du bonheur qu'il semblait avoir fait entrer avec lui dans ce ménage véritablement chrétien ; il allait en témoigner son étonnement, mais l'horloge du hameau sonna dix heures ; c'était le moment du coucher. *Louison* fit la prière à haute et intelligible voix ; la Ste Vierge , cette bonne et tendre Mère fut invoquée avec piété, et chacun se retira.

TROISIÈME SOIRÉE.

L'aumône n'appauvrit jamais ceux qui savent la bien faire.

COMBIEN n'est-elle pas digne d'envie une famille honnête, qui place à la tête de ses plus chers devoirs, celui de verser d'abondantes aumônes dans le sein de l'indigence? Combien n'est-elle pas digne d'envie...? Y a-t-il plaisir plus pur, sentiment plus agréable? Les autres joies de la terre laissent souvent au fond du cœur le remord ou le repentir, celle-ci ne tourmenta jamais personne par de déchirants souvenirs. On n'en devient ni moins riche ni moins heureux; et sur mille fortunes renversées, en trouverez-vous une seule qui l'ait été par la charité compatissante de l'évangile? Donnez, dit J.-C., et il vous sera donné, soyez miséricordieux, et l'on vous fera miséricorde. Au jugement dernier, il semble que Dieu oubliera ce que nous aurons fait contre sa sainte loi, l'infraction de ses préceptes, le mépris de ses grâces; son courroux sera entièrement réservé à ceux qui n'auront pas fait l'aumône et assisté le prochain. *J'étais nu et vous ne m'avez pas couvert; j'étais en prison et vous ne m'avez pas visité; j'avais faim et vous ne m'avez pas donné à manger; j'avais soif et vous ne m'avez pas offert à boire. Tout ce que vous avez fait aux pauvres, bien ou mal, je le regarde fait à moi-même....* C'est ici l'agréable pensée qui a dû se présenter à votre esprit, en voyant l'accueil plein de bonté que firent au malheureux d'hier, Mathurin et sa vertueuse famille. Le Seigneur qui a promis de se ressouvenir même d'un verre d'eau froide distribué en son nom, l'en récompensa à l'heure même; car il reçut le matin, un petit billet où sans autre détail , son avocat d'Aix lui apprenait qu'enfin sa cause avait triomphé, et qu'il venait d'obtenir la restitution d'une grande partie de son héritage, qu'un voisin avare et puissant lui avait usurpé sous les plus frivoles prétextes.

Il bénit le Ciel d'une faveur aussi inattendue, et parlait encore à Henriette sa fidèle compagne et à *Guillaume* l'aîné de ses enfants, lorsque ceux-ci peu occupés des affaires et du procès, à raison de leur âge, demandèrent s'il les entretiendrait, ce soir, de la vie du saint prêtre, qui avait été interrompue par l'arrivée du pauvre mendiant. Sans doute, mes enfants, répondit Mathurin, j'y trouve trop de jouissance, et vous me semblez y prendre trop de plaisir pour avoir la pensée même de vous en priver..... M. Nay fut donc placé à *Pelissane*. Cette paroisse est une des plus importantes du diocèse d'Aix. Le nombre de ses habitants, l'agrément du site, le voisinage de *Salon*, et avant tout le bon esprit des habitants qui viennent, à leurs frais, de bâtir une belle église, tout concourt à en faire un séjour agréable. Le nouveau curé fut là ce qu'il avait été ailleurs, c'est-à-dire, un prêtre que rien n'était capable de détourner de l'œuvre de Dieu, le père des pauvres et le consolateur des affligés.

C'est l'admiration que sa conduite avait produite, qui faisait dire de lui, lorsqu'on récapitulait les calomnies que l'esprit du siècle répand par tant de bouches ennemies: oh! *pour celui-là, c'est un apôtre.*

Ce titre honorable lui fut donné dans une autre circonstance ; vous ne serez pas fâché de connaître comment et à quel sujet. M. Nay, après avoir fait le prône et chanté la grand-messe dans sa paroisse, partait pour une ville voisine où il prêchait, et retournait à la hâte, en descendant de chaire.

Un dimanche qu'il traversait une des promenades de Salon, située sur la grande route. Il fut rencontré par des MM. dont j'ai oublié les noms, mais fort distingués, qui dirent à haute voix, dans le moment qu'il se trouva près d'eux : Ah ! *voila un véritable apôtre.* L'homme de Dieu sachant que ceux qui le louaient ainsi, se bornaient à être honnêtes, sans chercher à vivre selon les préceptes de l'église fondée par les apôtres, *faites donc*, leur répondit-il aussitôt, *ce que vous disent les apôtres.*

Cet à propos, mes enfants, était bien capable de faire rentrer ces individus en eux-mêmes. A quoi sert de faire l'éloge des prêtres, si l'on néglige de pratiquer ce qu'ils recommandent. Ils ne parlent pas de leur fond; c'est, au nom de Jésus-Christ, qu'ils nous annoncent l'évangile; et l'on tombe dans une contradiction manifeste, en menant une conduite opposée à sa foi.

M. Nay avait expressément défendu aux enfants qu'il préparait à la première communion, d'aller se baigner dans les ruisseaux qui bordent les voies publiques. Un jour, le bâton à la main et son bréviaire sous le bras, s'étant dirigé du côté de sa promenade habituelle, il en aperçut un qui avait enfreint son ordre, et qui était un objet de scandale pour tous les passants. Voir le curé et s'enfuir fut l'affaire d'une minute. On prit des informations, mais elles furent infructueuses; personne ne l'avait connu. Que fait-il alors? il ne voulut pas enlever tous les vêtements, mais il se saisit d'une partie, pour avoir, s'il faut ainsi parler, entre les mains, une preuve matérielle du délit, et un motif légitime de lui adresser les plus vifs reproches au catéchisme.

Or, le petit polisson étant retourné à sa maison pleura beaucoup, et Dieu sait par quel récit mensonger, il parvint à si bien monter la tête de ses proches, que son père se porta chez M. Nay, et l'injuria de la manière la moins méritée, accompagnant ses paroles

de toutes les menaces que la colère
put lui inspirer. Le bon curé aurait
pu facilement justifier ses droits et
sa conduite; mais il comprit que le
silence était sa meilleure défense; il se
précipita donc aux genoux de ce paysan
furieux; et par cet acte vraiment hé-
roïque d'humilité et de douceur, il le
désarma entièrement. Admirez, mes
enfants, cette conduite, et n'oubliez
jamais le respect que vous devez à la
décence. Prenez si vous le voulez
quelques bains, pendant les chaleurs
de l'été, mais que ce soit toujours
dans des endroits écartés, loin des
regards publics, d'une manière honnête qui ne blesse point les lois de
la modestie chrétienne.

Il n'y a point d'hôpital à *Pelissane*,
je ne sais à quelle cause l'attribuer;
quoiqu'il en soit, les malades sont
envoyés à celui de *Salon* où ils sont
traités avec tout le soin possible et
dû à leur triste situation. M. Nay,
en se retirant le soir, rencontra un
pauvre infirme, tout exténué de fati-

gue et monté sur un âne. Il s'in-forma, du conducteur, de la situation de cet être souffrant en qui sa foi distinguait un membre de Jésus-Christ. Bientôt on la lui fit connaître ; mais comme le mal aurait pu empirer en continuant sa route pendant la nuit, il leur offrit l'hospitalité la plus géné-reuse, et les emmena chez lui d'au-tant plus volontiers, que le vent était impétueux et la saison rigoureuse.

À leur arrivée il tacha de leur pro-curer du linge ; mais le saint prêtre n'en avait que du grossier et en pe-tite quantité. Souvent on l'avait trou-vé au dépourvu, parce qu'il le distri-buait en cachette aux indigents qui en manquaient. Sa domestique recevant, donc, l'ordre de préparer un *pliant* pour coucher le malade, lui observa qu'elle n'avait pas un seul drap de lit ; le bon curé, sans se troubler, *vous vous trompez,* lui dit-il, *d'un ton plein de douceur ; vous vous trompez, je saurai bien, moi, en trouver.* Effec-tivement, il monte à sa chambre ;

et descend de suite après, portant sous son bras celui qui couvrait la paillasse où il était en usage de prendre du repos : une charité semblable n'a pas besoin d'éloge ; et il suffit de la faire connaître, pour lui concilier les suffrages des âmes compatissantes. On vante quelquefois la générosité des gens du monde, mais cette générosité quelque grande qu'on puisse la supposer, s'élève-t-elle jusques à ce point là ? Se dépouiller pour secourir son prochain , quel héroïsme de vertu ! !...

Uu autrefois M. Nay trouva sur son chemin, en allant respirer un peu le bon air, un pauvre tout couvert de haillons ; à cet aspect son cœur s'attendrit, et sans attendre aucune demande , il se retira à l'écart pour ôter sa culotte, et la lui donner. Le malheureux tout confus d'un tel procédé, s'obstinait à refuser le présent qu'on voulait lui faire, mais il fut si pressé qu'il l'accepta , en sorte que dans ce combat de libéralité , on

aurait assuré que c'était le saint prêtre qui recevait le service; bien loin
de le rendre si volontairement.... Ce
que vous dites là, mon mari, interrompit Henriette, me rappelle un
trait que j'ai ouï raconter mille fois,
et que vous apprendrez tous, j'espère, avec une grande satisfaction. Un
paysan se traînait péniblement. Des
champs moissonnés dans lesquels il
avait travaillé, avec des souliers qui
n'avaient presque plus de semelles,
lui avaient occasionnés de fortes blessures. M. Nay, le vit avec les pieds
tous sanglants. Il ne put tenir à ce
spectacle, vîte il échange sa chaus-
sure contre celle du cultivateur. Ici il
dût encore user de contrainte, de
prière presque; mais sa charité
triompha derechef, et un infortuné
de plus fut soulagé.

Mais il fallait retourner chez soi,
et selon sa louable habitude, personne
ne devait connaître ses bonnes œu-
vres; or, comment s'en prendra-t-il?
La piété est ingénieuse..... Il traversa

les rues et la place publique, après
avoir laissé tomber le pan de sa soutane, et fléchissant les genoux ; ainsi
ignora-t-on qu'il était pieds nuds, ainsi
déroba-t-il par un saint artifice l'action qu'il venait de faire, et toutes
ces particularités, je les crois du fond
de mon âme, ajouta Henriette en
haussant la voix ; quand il s'agissait
des pauvres, M. Nay était capable de
tout.....; et moi de même je le crois,
répondit Mathurin, qui ne pût s'em-
pêcher de rire de l'ardeur avec laquelle sa femme venait de parler,
et moi de même, je parierai mes soi-
xante-huit brebis contre la chèvre de
maître *Claude* notre compère, qu'il a
dû exercer une foule de bonnes actions semblables, qui nous sont in-
connues ; mais Dieu qui n'a pas besoin
d'être éclairé des rayons du soleil ; et
qui voit également ce qui se passe
dans l'obscurité comme dans la lumiè-
re, Dieu l'en récompensera magnifi-
quement au jour où il citera tous les
mortels devant son tribunal redouta-

ble. Alors M. Nay sera connu tel qu'il a été, et on lui rendra la justice dont il fut toujours digne, et qu'on lui a trop souvent refusée.

Et n'allez pas croire, mes enfants, continua le père de famille, n'allez pas croire qu'il n'eut que la charité en partage ; elle peut suffire cette vertu aux simples chrétiens, mais elle ne suffit pas à ceux qui doivent instruire les ignorants et diriger les âmes dans la carrière du salut. Il possédait une science profonde sur les matières les plus difficiles de son état. Je vous en ai déjà touché, quelque chose, si j'ai bonne mémoire, à la fin de la première soirée, rappelez-le s'il est possible. Sans doute je suis trop ignorant, pour m'en établir l'arbitre et le juge. Mais ne serait-il pas permis de retracer à ma manière ce que j'ai entendu raconter à M. *Valentin* notre ami ? Il en sait lui qui a si bien fait ses études, et que l'on trouve toujours enfermé avec ses livres !.... Or il m'a assuré une fois qu'il me permit de l'accompagner à sa maison de campagne, c'était le lendemain du baptême de *Tonin* ; il m'a, dis-je, assuré que pendant son séjour à Pelissane M. Nay composa, et livra au public un ouvrage que tous les bons esprits attribuèrent à M. *Turle*, curé de Salon, le même qui l'appelait un lion dans la chaire, et un agneau dans la conversation, tant cet écrit était profond et bien conçu!! En ce temps-là notre Saint Père le Pape était dans les fers, victime des ennemis de notre sainte religion. Nous n'avions point d'Archevêque à Aix, et pour le remplacer on fut forcé de faire ce que M. *Valentin* appelait des élections capitulaires. Il était urgent d'éclairer les fidèles sur le danger qu'il pouvait y avoir ; et M. Nay le signala courageusement. Il est à remarquer que les autorités dont il s'était appuyé, furent précisément les mêmes que celles dont Pie VII se servit plus tard, en faisant connaître les sentiments du premier pasteur sur cette question si importante et si délicate.

Un si grand savoir ne tarda pas à le faire mieux connaître dans le voisinage. Il était le conseil de tous ses confrères. Au moindre doute on le consultait; et il se faisait constamment un plaisir et un devoir de répondre aux cas qu'on lui soumettait. Son humilité le portait à se défier de ses lumières; alors il compulsait les livres qui pouvaient l'éclairer sur la difficulté qui restait à résoudre. Son sentiment était toujours donné avec réserve. Jamais il n'imposa à personne l'obligation d'avoir pour lui une confiance aveugle; au contraire, il était le premier à recommander de voir des prêtres plus savants et mieux instruits que lui. Il me serait aisé sur ce point de vous citer cent exemples; mais, mes enfants, vous et moi sommes entièrement étrangers à ces discussions : je préfère les passer sous silence; chacun son métier; contentons-nous de nous édifier par un récit qui nous soit plus familier et mieux à la portée de tous. Je vous dirai donc, que ce fut tandis qu'il était encore curé à Pélissane, qu'il résolut de faire un voyage à Marseille. Cette ville est au moins à huit grosses lieues. Cette route ne lui coûtait rien ; il la fit à pied, et après avoir terminé ses petites affaires, il se mit en mesure de retourner. Chargé d'une lourde besace qui l'accompagnait sans cesse dans ses différentes courses, l'idée lui vint de traverser un pays qui se trouvait sur son passage. Il fallait bien se détourner quelque peu, mais le plaisir qu'il se promettait en visitant un bon cultivateur qui lui était extrêmement cher , l'emporta sur l'accroissement de la fatigue. Il arriva enfin chez lui ; mais quelle ne fut pas sa peine, en entendant le récit qu'il lui fit de sa misère et de celle de toute sa famille. Il ne put y tenir... Il veut soulager le malheur de son ami... Mais que faire... ? Il était sans argent, et les quelques pièces qu'il avait apportées, avaient été dépensées à la ville... Heureuse pensée ; il se rappela qu'au fond de son sac se trouvait une très-belle étole qu'il avait acquise pour son compte... *Allez, dit-il, allez l'offrir à M. votre curé, pour son Eglise, et observez-lui qu'elle ne m'a coûté que trente francs...*

Il ne mentait sans doute pas ; car il ne l'aurait pas osé, même pour faire le bien ; mais il voulait soulager la misère qu'on venait de lui exposer avec tant d'intérêt. Il voulait y parvenir à quelque prix que ce fut, et le bon prêtre s'oublia lui-même ; il commanda de vendre à vil prix un ornement riche, et qui devait lui avoir coûté au moins le double de ce qu'il en faisait demander ! ! !

De semblables traits sont bien propres à faire chérir un pasteur. M. Nay était adoré de ses paroissiens ; jusques aux plus petits enfants, tout le monde professait pour lui, à Pélissane, un respect fort grand ; aussi combien ne s'efforçait-on pas de le lui faire connaître dans toutes les rencontres ? Du plus loin qu'on le voyait, on se hâtait de tirer le chapeau pour le saluer. Si quelquefois il allait s'égarer dans la campagne pour se délasser de ses travaux de paroisse, il n'était pas un cultivateur qui l'aperçut sans l'aborder pour s'informer de sa santé et lui toucher la main. Mais il était écrit dans le Ciel qu'il ne devait pas rester plus long-temps dans cette Commune. Un beau matin il reçut son changement.

Faites-vous un tableau, mes enfants, de l'aspect qu'offrit le pays quand cette nouvelle fut connue. La désolation était universelle. Riches et pauvres, fidèles et incrédules, hommes et femmes, grands et petits, tous mêlèrent leurs larmes et leurs regrets. On aurait dit une calamité publique. Des pétitions, couvertes d'un nombre infini de signatures, furent dressées. On députa vers Mgr l'Archevêque ; on fit agir les habitants les plus recommandables ; mais ces efforts furent vains ; toutes ces démarches perdues ; l'autorité ecclésiastique avait des vues sur lui, ou plutôt la Providence l'appelait à des destinées différentes. Conséquemment il fallut partir, mais il voulut que ce fut en secret, pour ne pas porter le dernier coup à la sensibilité de son peuple consterné. Il n'emporta avec lui que des larmes et des regrets ; car, s'étant aperçu qu'il lui restait dans la poche trois ou quatre pièces de cinq francs, il les remit à l'instant à une personne vertueuse pour les distribuer. Détachement admirable et digne d'un apôtre ! voilà les prêtres qu'on accuse si souvent de cupidité et d'avarice ! Si on les connaissait mieux, on se garderait bien de les calomnier. Ils foulent aux pieds les richesses, et convaincus qu'ils n'ont droit qu'au nécessaire, le reste ils en font le patrimoine des pauvres.

Mes enfants, je commence à n'être plus jeune, voyez ce front ridé et ces cheveux blancs ; votre grand père m'a précédé dans le tombeau, peut-être le suivrai-je de près, je l'ignore. Tout ce que je sais, c'est que j'ai bien peu rencontré d'hommes comme M. Nay dans le monde. Ceux qui s'appellent philosophes exaltent beaucoup la charité, mais où sont ceux qui la pratiquent? La bouche parle, mais le cœur n'y est pour rien. Dans les hôpitaux, auprès des prisonniers, chez les malheureux on y trouve des gens religieux, les autres où sont-ils?

Ah! rappellez-vous combien M. Nay vous aimait!!! Nous ne sommes pas fort riches, mais nous sommes honnêtes; nous sommes chrétiens, nous cherchons à rendre service selon nos facultés; quelles raisons puissantes pour s'attacher à vous! Sa famille avait été pauvre, son père était laboureur ainsi que moi; lui-même dans son bas âge, avait gardé les troupeaux comme la plupart d'entre vous, aurait-il pu ne point porter les pauvres dans son cœur? Ah! les habitants de la campagne

étaient surtout..... Ici quelques larmes involontaires roulèrent dans les
paupières de Mathurin. Sa femme
qui n'avait perdu aucune de ses
paroles, ne pouvait maîtriser sa
sensibilité. La petite Louison atten-
drie se cachait la figure dans ses
mains, pour dérober ses pleurs aux
regards de ses frères. Tous étaient
émus. Le bon père qui, en com-
mençant était bien éloigné de croire
que sa narration aurait une pareille
fin, crut ne pas devoir prolonger
davantage cette scène si honorable
à la mémoire de M. Nay, et si
agréable pour son cœur. On se leva
en silence, et tous les enfants, sans
distinction, ayant embrassé Mathurin
et Henriette, souhaitèrent à tous
les deux une nuit des plus heureuses et des plus paisibles.

QUATRIÈME SOIRÉE.

La pratique des petites choses est un sûr garant de la fidélité aux plus grandes.

C'EST souvent de l'observation des moindres préceptes que dépend le salut éternel des enfants. Un père chrétien n'en néglige aucun, et convaincu qu'on est fidèle aux grandes choses dès qu'on l'est aux petites, il ne regarde rien comme minutieux et de peu d'importance dans la Religion. Voilà ce qui causa un instant de trouble dans le ménage de Mathurin, et qui faillit l'obliger d'omettre entièrement la suite de son intéressante histoire. Il savait que Dieu étant l'auteur de tout bien, il était digne de notre reconnaissance ; il lui semblait entendre encore St. Paul adresser ces belles paroles aux fidèles : *soit que vous mangiez, soit que vous buviez, soit que vous fassiez toute autre chose, faites-le toujours pour la gloire et le nom de Jésus-Chsist.....* Il était donc sorti de table avant les autres; et comme la neige continuait toujours de tomber à gros flocons, avant qu'il ne fut plus tard, il était allé faire boire deux vaches qu'il avait récemment achetées, et donner à manger à son troupeau de brebis. En rentrant, il trouva ses filles qui récitaient ensemble fort dévotement leurs grâces; les garçons, au contraire, étant déjà autour du feu, il pensa qu'ils avaient manqué à ce devoir qu'il leur avait toujours soigneusement recommandé. D'autant plus que, selon son usage, s'étant rendu à l'église à la chute du jour, pour y faire son adoration et dire son chapelet, aucun de ses enfants n'y était venu. Il leur adressa donc les plus véhéments reproches, et déjà même il avait la main au catéchisme pour en reprendre les leçons... Mais Henriette lui observa qu'ils n'étaient coupables ni de négligence ni d'oubli, que les ayant occupés dans la maison, sans pouvoir s'en dispenser, ils n'avaient pu aller à la paroisse pour réciter l'angelus et y adorer, pendant un quart d'heure, notre divin maître dans ses tabernacles, qu'au reste, elle les avait vus elle-même faire, avec piété, leurs prières après le soupé, tandis que lui s'était absenté pour aller à la bergerie. Cette observation aussi juste que raisonnable calma Mathurin, et il reprit en ces mots la vie du bon M. Nay.....

Notre saint prêtre, mes enfants, je crois ne vous l'avoir pas encore raconté, se rendit, en quittant sa paroisse dans celle de *Marignane*. Nous n'habitons plus ce pays depuis long-temps; mais notre famille en est originaire, et mon bisaïeul, homme très-recommandable par sa fortune et ses heureuses qualités, y fut nommé jusqu'à trois fois consul, tant il jouissait de l'estime et de la confiance de ses concitoyens! Les rues du pays sont assez bien percées ; plusieurs places publiques ombragées de beaux platanes en embellissent l'intérieur. On prétend qu'il fut fondé peu de temps après Marseille, par les Phocéens, peuple issu des anciens habitants de l'Attique.

L'Église est des plus jolies ; seulement elle n'est ni assez élevée, ni régulière, mais ce dernier défaut était difficile à éviter, selon moi, car, dans le principe, ce ne devait être qu'un temple d'idoles dédié à Diane d'Éphèse, ainsi qu'on le voit par les têtes de béliers et autres figures placées à l'extrémité des arceaux. Successivement on a bâti la grande nef et l'autre bas côté pour en faire un édifice plus spacieux et capable de contenir la population toujours croissante. Le terroir, très-bien cultivé, n'a pas assez d'étendue ; les vins qu'il produit sont excellents , on en recueille jusques à trente mille mil-leroles , c'est-à-dire, 20,000 hectolitres environ. Les habitants sont bons , généreux, point vindicatif , et surtout ennemis des disputes. Tour à tour occupés à l'agriculture , à la pêche et à la chasse , ils manient avec une égale habileté la pioche, la rame et le fusil. Les mœurs y sont en général pures ; et il est certain qu'à mesure que les *Marignanens* deviendront de plus en plus religieux, leur prospérité s'accroîtra ; ils en sont dignes.... Tel est , mes enfants , le nouveau poste où nous allons considérer M. Nay.

Il y continua la vie exemplaire qu'il avait menée partout ; les haires, les disciplines , les jeûnes et les veilles étaient des mortifications qui lui étaient familières. Le Dimanche , on le voyait à l'Église , avant le jour , pour entendre les confessions des paysans et paysannes occupés dans la semaine aux travaux champêtres. A huit heures il commençait sa première Messe et faisait le prône. La récitation de son office ou le confessionnal l'occupaient jusques à la grand'-Messe qu'il chantait à onze heures. Après l'évangile il donnait une courte mais substantielle instruction. Cet homme de Dieu savait que ceux qui assistent d'habitude à la dernière Messe n'entendent jamais la parole sainte, et ne viennent point la plupart aux vêpres. Il voulait par là, malgré leur aveuglement, ne pas les priver des grâces attachées aux instructions familières d'un pasteur. Il disait un jour, et il me semble l'ouïr encore : mes Frères, vous mettez de l'empressement à venir au saint Sacrifice, vous accourez quelquefois de loin, et suspendez vos travaux, je ne puis qu'applaudir à votre zèle. Mais cela suffit-il ? Vous prouvez, ainsi, que vous croyez à la divinité de Jésus-Christ et tenez pour certain que la sainte Messe est, en même temps, et la représentation et la chose représentée du sacrifice que notre Dieu offrit à son Père sur le Calvaire pour racheter les âmes et leur redonner le droit à la vie éternelle que le péché leur avait fait perdre. Or, pour que nous puissions obtenir l'application des mérites de Notre-Sauveur J.-C., il nous a ordonné d'observer ses Commandements et ceux qui nous seraient tracés par son Église. Ces Commandements n'ordonnent-ils pas de se confesser et de communier au moins une fois l'an ? Un grand nombre d'entre vous remplissent-ils cette obligation sacrée ?? Et alors ne semblez-vous pas ne venir dans ce temple auguste que pour insulter à J.-C. et lui dire : oui, divin Rédempteur, je crois que vous êtes Dieu, je crois que vous étant fait homme vous avez versé tout votre sang jusqu'à la dernière goutte, pour me racheter, mais je ne veux pas de votre rançon, je refuse de vous obéir.... ! Oh! quel aveuglement funeste ! quel terrible châtiment du péché !! Et là-dessus il s'étendait, disant qu'en n'assistant à la sainte Messe qu'à Pâques ou à la Noël,

on n'était chrétien que ces deux jours
de l'an ; qu'en voyant seulement des
femmes communier , les hommes
prouvaient qu'ils n'étaient pas avec
elles de la même Religion , etc. etc.

La grand'Messe finie, le saint prédicateur prenait son frugal dîné , et
avant de finir il faisait annoncer par
le son de la cloche le catéchisme des
garçons qu'il faisait séparément ; venait ensuite celui des filles , mais il
n'avait lieu qu'au moment des vêpres , et tandis que les Fidèles se
réunissaient pour les entendre ; de
cette manière ceux qui en avaient
bien la volonté pouvaient assister à
la doctrine , et rappeler à leur mémoire les premiers éléments de la
Religion que l'on oublie si aisément.

Les vêpres étaient accompagnées
d'un nouveau sermon ; M. Nay avait
l'heureuse habitude de le faire presque toujours rouler sur un point de
morale-pratique ou sur les défauts les
plus connus dans sa paroisse , les cabarets , le jeu , les danses , les jure-

ments.... Immédiatement après, les personnes de la Congrégation étaient rassemblées à la chapelle de la très-Sainte Vierge ; lecture spirituelle, pieuses réflexions, exhortations pathétiques à se donner à Dieu dans sa jeunesse et à fuir les amusements coupables du monde......... Enfin, la journée était terminée par la récitation privée de son office, et le saint Dimanche, ce jour de repos pour les ouailles, devenait ainsi un jour de très-grande fatigue pour le pasteur.

Tant de zèle lui concilia en peu de temps l'estime et l'amour de tous les habitants de *Marignane*, et cela était vrai, non-seulement par rapport aux personnes pieuses, mais même envers celles qui se piquaient de ne pas croire à la sainteté de notre Religion, ni de la pratiquer ; ne perdez pas un mot du trait suivant, et vous verrez que l'impiété même, dans ses plus grands excès, était contrainte de lui rendre justice. Un individu notable du pays, lequel avait conçu une vénération singulière pour lui, mais vivant dans un état complet d'indifférence sur ses destinées futures, fut atteint d'une maladie qui devait le conduire au tombeau, il recevait avec reconnaissance et même avec plaisir les fréquentes visites que lui prodiguait son vénérable curé, sans qu'il manifestât le moindre désir de profiter de son ministère.

Celui-ci n'osait s'expliquer d'une manière ouverte par la crainte d'un refus toujours pénible; , mais un incident heureux opéra ce que la prudence ne lui avait point permis de faire. Une personne vertueuse que des motifs de charité animaient, entreprit avec beaucoup de ménagement de déterminer le malade à accomplir ses devoirs de chrétien. Rempli de toutes les futiles objections par lesquelles le philosophisme s'efforce de combattre les éternelles preuves de la divinité de l'Évangile, le malade élevait sans cesse des doutes sur les points dont il avait été forcé de convenir. Une seule chose sur laquelle ils étaient parfaitement d'accord était les vertus et le mérite de M. Nay.

Cette matière était intarissable, et lorsque le malade paraissait irrité de ce qu'on prétendait lui enseigner les choses autrement qu'il ne se les était imaginées, il suffisait de citer un trait de charité du bon curé, pour le calmer et lui rendre le ton d'une conversation amicale. Sa bouche ne se fermait jamais sur son éloge; et il avait si bien suivi sa conduite dans son ensemble et ses détails, qu'il était toujours prêt à ajouter quelque chose d'honorable et d'édifiant, à ce qui lui était raconté de ce grand serviteur de Dieu. Son admiration pour lui était si profonde, il voyait dans sa personne une réunion si variée de solide savoir et de rares vertus qu'il lui échappa, comme forcément, de dire que M. Nay était *un fanal capable d'éclairer l'Europe entière.* Votre comparaison est aussi

exacte que juste, lui dit son inter-
locuteur. Mais répondez-moi, à quoi
servirait *ce fanal tant lumineux*, dites-
vous, si chacun, à votre exemple,
se plaçait les mains sur les yeux,
pour ne pas profiter de sa clarté.
Cette répartie loin de choquer notre
esprit-fort moribond, amena le sourire sur ses lèvres, et le dispose à
écouter avec calme les autres conséquences que son aveu autorisait
à lui opposer. M. Nay fut informé
de cette conversation. Le partisan
abusé de l'athéisme se soumit à tout
ce qui fut prescrit. Il reçut les Sacrements que son état désespéré permit de lui administrer. On ne put
porter à sa maison le saint Viatique,
à cause de fréquents vomissements,
mais il mourut dans des sentiments
de résignation et de calme, et prou-
va par son exemple, à tous les im-
pies présents et futurs, que si la
Religion console l'homme pendant la
vie, elle le soutient encore plus à
la mort.

M. Nay, mes enfants, avait conservé la vigueur de la jeunesse jusques à l'âge de soixante et dix ans; et c'était le précieux fruit d'une vie toujours pure, toujours frugale. Il ne craignait rien, pas plus la mauvaise chère que l'extrême fatigue. Ses voyages même les plus longs, il les faisait à pied, pendant les chaleurs accablantes de l'été, comme durant les rigueurs excessives de l'hiver. Il refusait sans cesse avec politesse l'offre qu'on lui faisait de porter en tout ou en partie son lourd bagage. Combien de fois ne l'ai-je pas rencontré sur la grande route pesamment chargé de livres et autres objets qu'il avait achetés, et paraissant trouver un saint plaisir à porter lui-même sur ses épaules un fardeau qui aurait lassé le bras le plus nerveux!! Combien de fois ne l'ai-je pas vu pénétrer dans l'hôpital de *Marignane*, pour y enseigner le catéchisme aux uns, servir les autres, délivrer de la vermine ceux-ci, panser les plaies les plus dégoutantes de ceux-là?? Interrogez, mes enfants, ceux qui l'ont connu de près, et ils vous rappelleront le nom d'un pauvre estropié appelé *Lavalette* qui fut l'objet de ses soins les plus assidus malgré les vers qui le dévoraient, et la puanteur des blessures qui couvraient une partie de son corps? Interrogez même les quelques jaloux qu'il a eus, et ils vous diront qu'il porta l'intrépidité et la force d'âme, jusques à couper les cheveux d'un pauvre petit mendiant qu'on n'osait ni regarder ni toucher, tant il était d'un aspect hideux!!!

En cet endroit, Henriette fit signe à son mari qu'elle n'avait pas voulu l'arrêter, mais qu'elle était bien aise de faire une courte observation..... Mes enfants, dit-elle, votre père vous raconte là des traits bien touchants, et qui honorent infiniment la mémoire de M. Nay, mais ce qu'il a omis de vous apprendre, c'est que l'homme de Dieu faisait tout cela dans le plus profond secret. Il défendait même, à l'exemple de Jésus-Christ dont il était le digne ministre, d'en parler à personne. Si le public en a la connaissance, c'est que comme ces hommes de l'évangile, ceux auxquels il a rendu ces services héroïques n'ont pas cru devoir obtempérer à ses demandes et à ses désirs; ils le publiaient partout en son nom, ou plutôt le nom de Dieu était partout loué, béni et exalté. Très-bien, répondit Mathurin, très-bien, il ne me serait pas venu dans l'idée de faire cette remarque, mais elle est juste, elle est véritable, et il continua.....

Les bienfaiteurs des pauvres ne devraient jamais mourir, oui, mes enfants, ils vivraient toujours, si les pauvres pouvaient dispenser de la palme de l'immortalité. M. Nay sentit donc à l'affaiblissement de ses forces qu'il fallait se préparer au grand passage du temps à l'éternité. Quand on le questionnait sur son état, il répondait qu'il *n'était point mal*, tant il était habitué à ne se compter pour

rien , et à vouloir sans cesse la volonté de Dieu ! ! ! Enfin le péril devint imminent ; un symptôme d'a-
poplexie se manifesta ; il reçut de
prompts secours ; mais sa jambe
gauche resta légèrement engourdie,
et la langue ne remplissait ses fonctions qu'avec difficulté. Les attaques
se succedèrent avec plus ou moins
de force, plus ou moins d'intervalle
pendant l'espace d'un an. Enfin, le
2 novembre 1827 au soir, pendant
qu'il récitait l'office des morts au
coin du feu dans la grande salle du
presbytère, il fut atteint pour la dernière fois. Le bruit qu'il fit, en
tombant de sa chaise, avertit du danger. On courut, on s'empressa de
le porter dans son lit, et depuis cet
instant fatal, les remèdes qu'on lui
prodigua ne firent que prolonger sa
trop longue et trop cruelle agonie.
Quoique ses sens fussent entièrement
affaiblis , il continua à donner les
exemples les plus édifiants d'une patience à toute épreuve.

Le Seigneur permit que de large
plaies couvrissent son corps, mais
notre saint ne fit jamais connaître
les douleurs qu'elles lui occasion-
naient; l'odeur qui s'en exhalait, ayant
trahi ses souffrances, on y apposa
de fréquents pansements, mais la
gangrène ne tarda pas à se développer,
avec des progrès rapides. Rien ne
fut capable de lui arracher une plainte.
Seulement on entendait de temps en
temps quelques soupirs étouffés.
Lorsqu'on renouvelait son lit, quatre
hommes vigoureux le tenaient dans
leurs bras en le soulevant, afin que
l'on put visiter ses plaies assez pro-
fondes, pour y enfoncer des flocons
de charpie plus gros que le poing.

Une fois, il parvint à lier quelques mots, mais ce ne fut que pour
dire qu'il était bien; et qu'il trouvait
juste et nécessaire pour lui de souf-
frir en ce monde. Comme un des
assistants lui demanda, quelques
heures avant d'expirer, s'il irait volontiers au Ciel; notre bienheureux

agonisant, sortit à ces paroles les bras de son lit, et les éleva vers le séjour des élus, où il contemplait déjà par avance la place que ses vertus lui assignaient. Il était dans cet état mitoyen entre la vie et la mort, état de désespoir pour les pêcheurs, d'espérance pour les justes, de crainte et d'effroi pour tous, lorsque, après avoir été muni, dès les premiers moments du danger, des Sacrements de l'Église, il rendit sa belle âme au Seigneur, le 11 décembre 1827, à 5 heures du matin. Le deuil devint général, à mesure que cette triste nouvelle fut connue dans le pays ; on s'attendait à le perdre, mais on aimait à se flatter, que ce ne serait point de sitôt. Chacun croyait avoir été frappé dans ses plus chères affections, et les pauvres, les affligés, les ignorants pleuraient amèrement leur ami, leur consolateur et leur maître.

Les enfants de Mathurin le fixaient immobiles, il avait cessé de parler qu'ils l'écoutaient encore ; lui-même n'avait pu dérober aux regards les sentiments de douleur dont il était pénétré ; il allait entrer dans le détail de ce qui se passa après la mort de M. Nay, comme méritant d'être connu, mais un étranger qu'on ne connut pas d'abord, entra tout à coup essouflé et respirant à peine..... *Mathurin, Mathurin*, s'écria-t-il, *accourez au plutôt, venez vîte*. Cet individu était tout simplement un paysan du village, que l'obscurité et le désordre de ses habits rendaient peu connaissable. Quelques gouttes de sang rougissaient une veste grise qu'il portait en dessus à cause du froid. Il venait en toute hâte, chercher Mathurin pour porter du secours à un de leurs voisins qui se mourait. Ce malheureux, possesseur en premier lieu, d'une fortune assez considérable, avait fini par la dissiper entièrement dans le jeu et la débauche. Jamais on ne le voyait à l'Église. En revanche il était toujours au cabaret ; sa femme était morte de chagrin, ses enfants presque nus demandaient l'aumône de porte en porte. Il lui restait un père, mais à force de mauvais traitements, ce vieillard respectable avait péri généralement regretté; avant d'expirer, il l'appela auprès de son lit, et d'une voix faible. *Mon fils*, dit-il, *change de vie, ou si non tu fairas triste fin.* Cette menace ne l'avait pas corrigé de ses habitudes. Ce jour-là, depuis midi il était avec d'autres camarades aussi mauvais sujets que lui, chantant, blasphémant. On commença par boire, on finit par se disputer, des paroles on en vint aux violences; et dans la querelle, il avait reçu deux coups de couteau, l'un sur la figure et l'autre au côté gauche. Le sang sortait à gros bouillons, et jaillisait sur ceux qui avaient cherché à les séparer. On l'avait porté chez lui presque mort; et il fallait aller chercher le médecin et M. le curé, sans retard, lesquels demeuraient tous les deux, à une énorme lieue de là....

Dieu bon ! s'écria Mathurin en con-
naissant ces détails, Dieu bon ! voilà
où conduisent les cabarets et le liber-
tinage. Sera-t-il donc possible que les
habitants de notre pays ne le com-
prennent pas ! et que leur faut-il
donc encore ? Ah ! que la fréquen-
tation des Églises au saint jour du
dimanche, l'assistance aux offices de
paroisse ont des résultats différents ! !
Mes enfants, à demain le reste de
notre histoire, je cours où une bonne
œuvre m'appelle....

CINQUIÈME SOIRÉE.

Rien de plus dangereux pour un jeune-homme que les mauvais livres.

Si le médecin qui offre une potion vénéneuse à son malade, devient grandement criminel envers la société; si un avocat en trahissant son client, se rend indigne de la confiance publique, pourraient-ils être innocents ces hommes qui, abusant de leurs talents, les consacrent à écrire contre la Religion et contre les mœurs? Sans doute rien de plus utile qu'un bon livre; il nous avertit sans nous flatter; il nous reprend sans nous aigrir; mais aussi de quels maux affreux n'est pas la source un mauvais ouvrage? C'est une peste, un poison véritable en tout lieu, et particulièrement parmi les habitants de la campagne, hommes en général très-laborieux , mais simples et peu instruits. Les enfants y apprennent à désobéir , les filles à tromper la vigilance de leurs mères , les domestiques à voler leurs maîtres , les pauvres à regarder les riches comme des despotes et des tyrans, les riches à ne voir dans les pauvres que des valets et des esclaves.

Mathurin, ce pieux cultivateur, était pénétré de cette importante vérité ; ayant reçu de l'instruction , il avait aimé la lecture, mais jamais celle des écrits dirigés contre la vertu ; lorsqu'il fut marié à Henriette, il trouva quelques brochures très - suspectes chez son beau - père ; il se hâta de les livrer aux flammes, ainsi que ces bons chrétiens dont il est parlé dans les Actes des Apôtres. Tous ses enfants savaient lire, mais ils n'avaient jamais ouvert un mauvais livre... Ils fuyaient, comme les ennemis de la jeunesse, ces hommes pervers qui , non contents de gâter leur esprit et leur cœur, prêtent encore les romans les plus dangereux, et les répandent dans les campagnes.... Un jour, en se chauffant au soleil après le dîné, un cordonnier incrédule déclaré voulait lui soutenir que *la Religion était nécessaire, mais qu'elle n'était bonne que pour le peuple...* En même-temps il alla jusqu'à lui proposer la lecture de plusieurs livres anti-chrétiens et licencieux, dont il avait nourri malheureusement son âme; mais Mathurin, époux honnête, vertueux et chrétien, rejeta avec une vive indignation toutes ses offres et celles qu'il pourrait lui faire par la suite; le philosophe villageois, blessé dans son orgueil, lui répondit qu'il n'était et ne serait toute sa vie qu'un *dévot,* un *hypocrite,* un *calotin;* à toutes ces injures, le bon père ne répliqua que par un profond silence, et le quitta aussitôt.

De retour chez lui, il ne parla point de ce qui venait de lui arriver à sa chère famille; mais, occupé du bon M. Nay, qui recommandait de fuir les sociétés où l'on parlait contre le prochain et la Religion, il n'eut pas plutôt soupé, qu'il ouvrit la soirée en parlant encore de lui pour la dernière fois.

A peine, mes enfants, M. Nay eut-il rendu le dernier soupir, qu'on se hâta, selon un usage ancien et vénéré, de le revêtir de ses habits sacerdotaux. On lui passa une soutane, une aube, une chasuble violette, en un mot, tout comme s'il allait monter au saint Autel pour y célébrer l'auguste Sacrifice de la Messe. Dans cet état, il fut porté à l'Église de la paroisse, et déposé sur une espèce d'estrade élevée et ornée à cette fin; des cierges nombreux brûlèrent autour du corps; la population se porta en foule pour aller le voir et prier pour le repos de son âme. Ce qu'il y avait de plus marquant dans le pays, se fit un véritable devoir d'unir ses vœux aux prières publiques; et remarquez qu'il n'y eut ni invitation ni rien de semblable; le cœur seul et l'amour pour le défunt, poussaient ainsi les habitants auprès de lui.

Cependant la funeste nouvelle ne tarda pas à se répandre dans les Communes environnantes ; le deuil y fut le même qu'à *Marignane* : M. Nay était connu dans tout le voisinage , et il y avait bien peu de personnes auxquelles il n'eût rendu quelque service, et qui ne lui fussent sincèrement attachés. Plusieurs abandonnèrent leurs travaux pour accourir contempler une dernière fois les traits de leur ami et de leur père. Les curés surtout montrèrent l'empressement le plus vif ; ils voulurent accompagner au tombeau leur cher et bien - aimé confrère. Quel spectacle plus attendrissant que ces ministres du Sanctuaire, rangés tristes et gémissants , autour du cercueil !! Un grand nombre l'avaient choisi pour le dépositaire de leurs consciences, quelques-uns avaient été ses compagnons d'étude, tous étaient ses amis.

Une grand' Messe fut chantée avec pompe et solennité ; les absoutes furent faites par les quatre plus vieux prêtres, après lesquelles on prit la route du cimetière. Quand même j'imposerais silence à ma douleur pour réunir mes efforts, je ne pourrais jamais vous exprimer, mes enfants, les sanglots qui se firent entendre ni les larmes qu'on versa. Partout où passait le convoi, la foule se pressait avec une sainte avidité. Il régnait un profond silence, lequel n'était interrompu que par les gémissements publics. Sans distinction d'âge, de sexe, de rang, ni de fortune, les habitants avaient confondu leurs sentiments dans un seul; ils pleuraient tous la perte d'un ami, d'un pasteur, d'un conciliateur, d'un saint.

Mais, les pluies continuelles qui régnaient alors, ne permirent pas aux maçons d'achever le tombeau dans lequel repose aujourd'hui Pierre Nay. Ne pouvant donc l'y placer, on fut forcé de laisser le cercueil sur le sol du cimetière, jusqu'à ce que l'ouvrage pût être terminé. Ce ne fut que quelques jours après , qu'on put descendre dans sa dernière demeure les dépouilles mortelles de cet apôtre de J.-C. C'est là qu'il reçut les derniers adieux de tous ses enfants; et le marbre qui le cache à nos yeux , retracera éternellement les noms , l'âge , les vertus et les bienfaits de celui que nous pleurons.

L'épitaphe est en latin , langue dont j'ai connu les principes dans mon adolescence, mais que j'ai oubliés entièrement. Je vous dirai pourtant ce qu'elle renferme , parce que M. Valentin, très-instruit comme vous savez, m'en a donné la traduction française. je l'ai retenue de mémoire, et la voici mot à mot :

ICI REPOSE
PIERRE NAY PRETRE
QUI DISTINGUÉ
PAR SES MŒURS ET SON RARE SAVOIR
NE CESSA DE CHERCHER
LE SALUT DE SES FRERES AVEC
INTREPIDITÉ DANS L'ORAGE DE
NOTRE DERNIÈRE REVOLUTION
ENFIN
LA PAIX ETANT RENDUE
A L'EGLISE
IL REMPLIT TOUS LES DEVOIRS
D'UN BON PASTEUR
ET MOURUT
LA VEILLE DES IDES DE DECEMBRE
MIL HUIT CENT VINGT-SEPT
AGÉ DE SEPTANTE QUATRE-ANS
LE PEUPLE PLEURA SA MORT AVEC DES
GRANDS GEMISSEMENTS.

✝

HIC JACET
SACERDOS PETRUS NAY
QUI
MORIBUS ET ERUDITIONE
PRÆSTANS
ULTIMÆ FURENTE
PERTURBATIONIS PROCELLA
FRATRUM SUORUM SALUTEM
IMPAVIDUS PROMOVERE
NON DESIIT. DEMUM
REDDITA ECCLESIÆ PACE
BONI PASTORIS PARTES
OMNES EXPLEVIT.
OBIIT. PRID. IDUS DEC. M.DCCC.XXVII
ANNOS NATUS LXXIV
ET PLANXIT EUM POPULUS
PLANCTU MAGNO.

✝

J'ai voulu, mes chers enfants, vous retracer la vie de l'excellent pasteur que nous avons perdu, pour vous inspirer, de bonne heure, l'amour et la pratique de toutes les vertus. Cette vie exemplaire ne saurait être trop connue ; je vous l'ai racontée dans les plus grands détails, soit par ce que j'en ai su moi-même, soit par ce que d'autres m'en ont appris.

L'année de sa mort étant expirée, on obtint de Monseigneur de Bausset Roquefort, Archevêque d'Aix, la permission de célébrer un anniversaire avec toute la pompe dont la mémoire du bon curé était digne. N'ayant pu me rendre moi-même à cette auguste cérémonie, votre mère y assista, et c'est elle qui va vous raconter ce qui s'y passa.

Le saint Sacrifice, dit alors Henriette, fut offert pour le repos de son âme. Au milieu de l'Église s'élevait un catafalque simple, mais fort beau. Les flambeaux entremêlés de branches de cyprès, le Sanctuaire drappé en noir, l'Autel couvert d'emblêmes funèbres, l'obscurité du saint Temple, tout donnait à la cérémonie un aspect qui saisissait involontairement l'esprit et le cœur, et disposait au plus profond recueillement.

Le soir, à l'entrée de la nuit, et tandis que le laboureur paisible retournait de ses champs, le son de la cloche annonça par trois fois les Vêpres de mort; elles furent entendues par toute la population, et chantées avec toute la gravité que réclamait la circonstance. L'abattement était sur tous les fronts, le deuil dans toutes les âmes; j'eus le bonheur de m'y trouver, ainsi que vous l'a dit votre père, et croyez que jamais bouche humaine ne pourra retracer les sentiments dont nous étions tous pénétrés dans ce moment. A l'issue de l'office, un sage et vertueux vicaire de la ville de Marseille, aussi connu par ses talents oratoires que par ses éminentes qualités, prononça l'éloge funèbre. Il mit sous nos yeux, dans son discours, l'histoire entière du bon M. Nay. Avec quel plaisir ne l'entendis -- je pas nous montrer que semblable à J.-C., il avait toujours été un objet de contradiction pour les hommes ? Que les uns avaient trouvé dans sa personne un sujet de ruine, les autres une occasion de salut... Il n'omît rien de ce qui pouvait être pour nous de quelque édification ; voyez, mes frères, nous disait-il dans son langage familier et provençal, voyez comme Dieu ne fait acception de personne ; à ses yeux nous sommes tous égaux : il va chercher M. Nay à sa charrue pour en faire un vase d'élection et un apôtre dans son Eglise.

La description de ses derniers moments fut des plus touchantes ; il nous présenta sa patience comme un modèle que nous ne devions jamais perdre de vue, nous habitants de la campagne. Bientôt nous adressant directement la parole avant de terminer : ô vous qui m'écoutez, s'écria-t-il.

et qui professez pour sa mémoire le plus grand des respects, pourquoi vous arrêtez - vous à ce sentiment stérile ? Si M. Nay était l'envoyé de Dieu, pourquoi ne pas l'imiter, pratiquer ce qu'il vous a répété tant de fois : fuir le mal, faire le bien, étouffer vos haines. Si M. Nay est un Saint, ainsi que vous le publiez partout, montrez-vous dociles à ces enseignements, détachez-vous du monde, et marchez sur ses traces.

J'avais presque retenu tout ce que nous dit le saint prédicateur ; mais déjà plusieurs mois se sont écoulés, et l'âge, mes enfants, commence tellement à affaiblir ma mémoire, que j'oublie presque tout. Ce que je n'oublierai jamais, c'est que ce sermon fut prononcé de la manière la plus honorable pour M. le Vicaire de Marseille et pour M. Nay. L'auditoire observa religieusement le plus profond silence, et ce ne fut que fort avant dans la nuit, que la cérémonie put être terminée...

4

Tant et de si glorieux hommages, reprit Mathurin, rendus au nom et au souvenir du saint curé de *Marignane*, ne tardèrent pas à être connus des Communes même les plus éloignées. Beaucoup de personnes pieuses l'avaient connu; elles avaient même entretenu avec lui des liaisons étroites. La divine Providence a voulu conserver pour les générations à venir les traits d'un prêtre aussi recommandable; l'un des meilleurs amis de M. Nay, qui avait été son élève au petit séminaire de Ste Croix, parvint à découvrir son portrait, et forma le projet de le faire lithographier; une souscription fut aussitôt ouverte à Marseille; elle ne tarda pas à être remplie, et chacun put en enrichir les murs de sa maison, et la mettre par là sous la protection du serviteur de Dieu : le bon curé est représenté avec cette physionomie de candeur et de modestie qui le caractérisaient; son front respire le calme de son âme, et l'affabilité de son regard paternel y touche encore les cœurs. On lit au bas ce quatrain dicté par l'amitié , et gravé de la main même de la vérité :

Cet excellent Curé dont vous voyez l'image ,
Réunit aux talents les plus rares vertus.
La veuve , l'indigent , l'orphelin en bas âge ,
Le pleurent, s'écriant : notre père n'est plus ! !

Combien , mes enfants , n'ai-je pas trouvé de gens s'attendrir jusqu'aux larmes en regardant ce portrait ? Je ne vous parle ni de moi ni de votre mère ; il nous a rendu trop de services pour pouvoir l'oublier , mais des personnes même qui n'avaient guères de Religion *ont voulu* le posséder. Des hommes , des femmes qui eurent l'air de ne tenir aucun compte de ses instructions , qui l'accusaient même de porter les choses trop loin , se *sont empressés* , après sa mort , de le conserver dans leurs maisons , tant il est sûr que le vrai mérite peut bien , pendant quelque temps , être méconnu ; mais que tôt ou tard il finit par obtenir l'estime générale ! ! !

Or donc, ne faites le bien que pour le bien même ; cherchez votre récompense auprès de Dieu, et au dernier jour il vous l'accordera. Si M. Nay n'avait travaillé que pour le monde, le monde aurait pu lui sourire et le flatter. Mais hélas ! il l'aurait traité comme il traite ses partisans, en ingrat qui promet beaucoup et ne donne rien. Vous me perdrez peut-être plutôt que nous ne pensons et les uns et les autres ; votre mère descendra au tombeau ; héritiers de notre nom, ah ! cherchez encore à l'être de notre respect pour la Religion ; elle vous préservera de tous les maux, ou vous les fera supporter avec patience ; et si vous n'êtes riches, soyez au moins probes et vertueux.....

FIN DES SOIRÉES.

MAXIMES.

MAXIMES

FAMILIÈRES A M. NAY.

A la sollicitation de plusieurs personnes pieuses, nous avons cru devoir publier à la suite de sa vie, le recueil que nous avons fait des Maximes et Sentences qui lui étaient les plus familières. Nous sommes persuadés qu'on les lira avec intérêt et édification. On raconte du grand St. Augustin, qu'il avait fait placer le distique suivant dans le lieu de sa maison où il était en usage de prendre ses repas :

Quisquis amat dictis absentum rodere vitam

Hanc mensam vetitam noverit ipse sibi.

M. Nay, pour la même fin et dans la même intention, avait écrit de sa propre main, en gros caractères, sur les murs de sa cuisine, les paroles suivantes de St Jérôme :

Per bonam famam et malum Christi miles graditur nec laude extollitur, nec vituperatione frangitur; non divitiis tumet, non paupertate contrahitur.

On peut voir que si l'un abhorrait la médisance et les médisants, l'autre dans l'accomplissement de ses devoirs, méprisait le monde et ses vains discours.

⁕

Il n'y a pas de milieu, le paradis ou l'enfer.

Un enfant de la Providence ne doit pas prévoir de loin l'avenir.

Rien de vil de tout ce que l'on fait pour Dieu.

Que le nombre des Élus est petit ! !

Dans les calamités de la vie, la piété fait toute notre consolation.

[117]

Je ne connais point d'homme honnête sans Religion.

Vous voulez aller au Ciel; en prenez-
vous la route ?

Telle vie, telle mort.

Tel se moque de la mort le matin,
qui le soir la rencontre.

Ne dites pas *demain*; il n'y en a point
pour vous.

La bonne confession est la clef du Ciel;
la mauvaise est la clef de l'enfer.

On doit se défier d'un mauvais livre
comme d'un serpent qui tôt ou
tard donne la mort à ceux qui s'a-
musent avec lui.

Une famille fondée sur l'aumône ne
périra jamais.

Un cœur bienfaisant a toujours de
quoi donner; l'avare n'a jamais rien.

On trouve plus de pauvres contents,
que de riches heureux.

Plus on a , plus on veut avoir.

Le chemin de la Croix est le chemin du Ciel.

Parer son corps , c'est oublier sa fin , la terre et les vers.

Les cabarets sont la maison des réprouvés.

Que l'on me dise si les Saints ont fréquenté les danses et les bals.

Tout pour J.-C., et rien contre J.-C.

Fiez-vous à Dieu, et rien ne vous manquera.

La crainte du péché est une source de bonheur.

Le Seigneur est ici, il m'entend, il me voit.

L'enfer a été creusé par le péché et pour le péché.

Le chrétien n'a qu'une âme, il doit donc la sauver.

Il n'y a qu'une seule et unique chose nécessaire, *le salut.*

On ne connaît le monde qu'à la mort.

Un jugement terrible attend les prêtres.

Les prêtres sont plus puissants que les Anges.

Aimez la Religion, elle vous aimera.

Quand Dieu règne dans un cœur, tous les événements sont bons, et tout est bien.

Il ne faut rien faire pour le monde, mais il ne faut pas que le monde nous empêche de faire.

Le péché aveugle.

Il y a des gens qui aiment à prendre conseil, mais qui ne renoncent pas à leur manière de voir; ils cherchent des applaudissements et non des lumières.

Nous ne sommes que les dépositaires des biens que nous avons; en les donnant aux pauvres, nous offrons à Dieu une partie de ce qu'il nous a donné lui-même.

Les philosophes , si jaloux dans les intérêts de leur amour-propre et de leurs biens, dépouillent Dieu de tout droit de propriété ; ils admirent la nature et méconnaissent son auteur.

On pourrait ajouter qu'ils acceptent une donation , sans en remplir les charges.

Ces Maximes qui , comme nous l'avons déjà dit , étaient sans cesse dans la bouche de M. Nay , ne peuvent qu'enrichir la mémoire de vérités solides. Elles élèvent l'esprit vers Dieu et pénètrent le cœur des plus affectueux sentiments ; on ne peut donc que gagner à les lire et à les apprendre , surtout dans ce siècle , où le monde est rempli de maximes anti-chrétiennes , et qui entraînent dans tous les excès du désordre.

FRAGMENT D'UNE LETTRE

ET

EXTRAIT D'UN DISCOURS

DE M. NAY.

L'âme d'un homme passe, pour ainsi dire, toute entière dans ses écrits. Afin donc de mieux peindre M. Nay, nous allons le faire connaître par lui-même. Il sera aisé de voir, dans les pièces suivantes, quels étaient le caractère, le genre et le style de ce serviteur de Dieu.

LETTRE

DE M. NAY,

A UNE DEMOISELLE.

Elle est morte ! vous savez comment elle a pris son mal ; vous savez à quel âge elle est morte ; vous savez comment elle a vécu tout le temps qu'elle a eu de force. Elle est morte à la fleur de son âge ; quel compte pouvez-vous faire sur vôtre jeunesse. Elle a aimé le monde, et le Saint-Esprit nous dit, par la bouche de St. Jacques : *ne savez-vous pas que l'amitié du monde , est l'inimitié de Dieu ; quiconque donc voudra être l'ami de ce siècle devient l'ennemi de Dieu.* En aimant le monde, elle était donc l'ennemie de Dieu : que doit-elle donc espérer de lui ; elle a passé ses jours dans les plaisirs ; elle a pris son mal dans les plaisirs du monde, elle ne les a quittés que quand les forces lui ont manqués, et elle a été se présenter sans presque aucune préparation au tribunal de J.-C., qui pour la sauver, a passé sa vie dans les peines et a expiré sur une croix, et qui a dit : malheur à vous *qui riez maintenant, car vous pleurerez et verserez des larmes.* Quelle est donc la sentence que ce juge juste, éclairé, inflexible, qui juge tout selon l'Évangile et qui demande compte jusque d'une parole inutile, quelle est, dis-je, la sentence que ce juge a prononcée sur cette pauvre fille qui a eu le malheur de naître et de vivre dans un pays comme le vôtre; c'est un secret que de règle ordinaire Dieu réserve jusques au jugement dernier. Mais quelle raison avons-nous de bien espérer, aucune ; et quelle raison avons - nous de tout craindre , toutes.

Maintenant je m'adresse à vous , ma chère fille , et je vous dis dans l'effusion de mon cœur : êtes - vous encore chrétienne , avez - vous encore un peu votre bon sens? Je ne doute ni de l'un ni de l'autre ; eh bien , dites - vous à vous - même , j'aime le monde , je suis donc l'ennemie de Dieu , mon âme est donc morte à ses yeux ; j'ai versé des larmes en voyant la pauvre N*** emportée , pour ainsi dire , du milieu du bal au tombeau , que n'en versais - je plutôt sur son âme dont la vie doit m'être cent millions de fois plus chère que la vie du corps de cette pauvre compagne.

Dites-vous à vous-même , j'ai aimé et j'aime le monde comme N*** , vous pouvez tenir ce langage , quand vous ne l'auriez pas aimé jusqu'au même degré ;

j'ai dépassé les années de N***, pourquoi ne peut-il pas m'arriver demain ce qui lui est arrivé hier à elle! Et quel serait alors mon sort! Les craintes qu'on a pour elle, on les aurait pour moi. Quoi! exposerais-je encore mon salut à un peut-être dont l'incertitude équivaut à peu près à une non existence. Vous vous diriez à vous-même, si j'ai encore la foi, si je jouis encore de ma raison, je ne dois pas différer d'un moment de renoncer au monde pour me donner à mon Dieu toute entière et sans réserve; je pleurerai le sort de ma pauvre compagne, je frémirai sur le danger que j'ai couru, car je pourrais être à sa place, et j'aurai sans cesse devant les yeux, que si mon Dieu m'accorde quelques jours de vie de plus, ce n'est uniquement que pour me donner entièrement à lui. J'espère, ma chère fille, que vous me pardonnerez la liberté que j'ose prendre, c'est l'intérêt que je prends à ce qui vous regarde et surtout à votre salut, qui m'a mis la plume à la main , pour ne pas laisser échapper une occasion si favorable de vous donner quelques avis de salut, et je le fais d'autant plus volontiers , que vous n'êtes pas éloignée du royaume de Dieu ; mais , ma chère en J.-C. , de quelle utilité vous serait-il de reconnaître que j'ai raison , et que vous avez tort, si vous en restiez là , c'est déjà une grande grâce que le bon Dieu vous a faite ; l'ouvrage est commencé , il faut le finir , vous trouverez toujours les ouvriers nécessaires de la meilleure volonté , et le cœur le plus tendre de tous les pères , dans ceux qui vous représentent vos fautes avec le plus de force. Je connais assez , ma fille , votre politesse et votre honnêteté, pour ne pas douter d'un moment que vous ne manquerez pas de me remercier ; mais vous n'ignorez pas qu'un Prêtre de J.-C. , n'écrit point à une Demoiselle

pour avoir de sa part des paroles d'honnêteté ; non, il lui faut plus que des
paroles, c'est votre âme pour le bon
Dieu, c'est la seule chose qu'il vous
demande, et c'est la seule chose qui
peut le satisfaire de votre part. Je me
recommande bien à vos prières. Je prie-
rai bien le bon Dieu pour vous, afin
qu'il vous accorde la grâce de profiter
des avis qu'il m'a inspiré de vous donner.

EXTRAIT

D'UN DISCOURS

DE M. NAY.

Rien de plus certain que la vérité de la Religion chrétienne. Il y a un Dieu, mes Frères, nous l'avons démontré. Ce Dieu a toute sorte de droits sur l'homme, cela est encore démontré ; par là même que nous avons démontré que ce Dieu avait fait l'homme ; ce Dieu a droit de commander aux hommes la manière dont il voudra être honoré. Ce Dieu, pour cela, doit faire connaître sa volonté aux hommes ; il doit le faire en Dieu...... Un des moyens qu'il a en son pouvoir c'est celui des miracles, il connaît qu'il en faut, à moins qu'il ne veuille faire le plus grand de tous les prodiges invisibles ; or, les histoires les plus authentiques ne prouvent-elles pas qu'il en a fait ? Elles prouvent qu'il les a faits pour nous prouver qu'il voulait être honoré de telle et telle façon : et c'est ce que nous appelons la Religion chrétienne.

Sa morale est sainte , on ne peut en disconvenir, mes Frères , ses dogmes ; les uns attestent la plus grande bonté de la part de Dieu envers les hommes, les autres manifestant sa justice, les tiennent dans une crainte salutaire sans leur causer aucun désespoir. Et voilà, en général, la Religion chrétienne.

Voudriez-vous que j'entrasse dans quelques détails ? Eh bien , à la bonne heure, j'y consents ! Le mystère de l'Incarnation vous fait quelque peine , examinons - le un peu ; d'abord nous y voyons les traits de plus grande bonté de Dieu envers nous. Ensuite, il s'agit de savoir si J.-C. a réellement paru sur la terre. Toutes lès annales des peuples anciens et modernes en font foi, et l'univers rempli de ses disciples ne permet pas de douter de la divinité de son auteur. Or, ... où est le philosophe dont la morale soit plus saine, plus opposée aux passions, et qui ait été plus répandue ? ?

J.-C. a donc existé et il nous a dit lui-même que lui et son Père étaient la même chose ; il s'est donc dit Dieu, et comment voudriez-vous qu'un tel homme que Jésus-Christ ait menti ?....

L'état d'anéantissement de J.-C., sa misère et sa mort vous paraissent indignes de lui, mais ignorez - vous donc que l'homme est rempli de passions, que J.-C. est venu pour sauver cet homme ? et qu'il veut le sauver en lui faisant mortifier toutes ses passions ? Il fallait donc que lui qui est venu lui donner l'exemple commençât par vivre de la manière qu'il voulait que l'homme vécût. La passion pour l'orgueil et le plaisir est si forte, qu'il ne fallait rien moins qu'un aussi grand exemple pour renoncer à ces passions....

Mais, peut-être, M. F., regardez-vous la mort de J.-C. comme indigne de Dieu. Eh ! quoi, après l'avoir vu naître, et suivi dans toutes les actions de sa vie, oserez-vous soutenir que tout n'y est pas grand, et que jusques à sa mort ignominieuse tout n'y est pas surnaturel et divin....?

Le péché originel vous épouvante ! ! Mais pouvez-vous nier l'abîme de misère dans lequel l'homme se trouve en naissant, en vivant et en mourant ; le péché originel explique ce que la sagesse humaine n'avait jamais compris........

. . . .

. . . .

Mais cet enfer que prêche la Religion chrétienne, cette éternité de supplices pour un péché d'un moment ! ! ! Comment ! mes Frères, vous comptez pour rien la rébellion de la créature contre le

Créateur , et surtout quand vous êtes avertis de la peine attachée à votre faute. Puisque votre Maître , l'auteur de votre existence vous a dit : telle faute mérite l'enfer , ne devez-vous pas croire qu'il la mérite ! Pourquoi ne pas obéir. Ah ! si vous étiez raisonnables vous ne vous plaindriez pas de l'enfer, mais vous diriez : il faut que ce qui m'est défendu soit quelque chose de bien affreux, puisque ce Dieu qui m'aime tant le punit en moi d'une manière si forte.....

Ainsi, la Religion chrétienne, M. F., est calomniée , lorsque...............
....
....

Nota. Tous les traits rapportés dans la vie de M. Nay, jusques à son sacerdoce, sont tirés du testament olographe que l'auteur a trouvé dans ses papiers, après sa mort.

TABLEAU CHRONOLOGIQUE

DE

MM. LES CURÉS DE LA PAROISSE DE MARIGNANE.

	Date de la nomination.
Louis-André Berton	3 déc. 1602.
Pierre Lenoir	26 mai 1629.
Joseph Saccoman	9 juin 1656.
Guillaume Fabre	17 nov. 1682.
Antoine Gay	28 août 1684.
Marc-Désiré Blanc	8 fév. 1732.
Claude-Antoine Armand	4 fév. 1780.
Pierre-Nicolas Gibert	6 mai 1803.
Jean Saye	9 juin 1810.
Antoine Bertet	19 mai 1812.
Joseph-Paul Brun	1 janv. 1815.
Pierre Nay	30 Avr. 1820.
Joseph-Jean Ginoux	1 janv. 1828.

www.ingramcontent.com/pod-product-compliance
Ingram Content Group UK Ltd.
Pitfield, Milton Keynes, MK11 3LW, UK
UKHW021005230726
13924UKWH00009B/1625